文库精粹

蔡元培（上）

蔡元培⊙著

陕西新华出版
太白文艺出版社·西安

图书在版编目（CIP）数据

近代名人文库精粹. 蔡元培 : 全2册 / 刘东主编 ; 蔡元培著. -- 西安 : 太白文艺出版社, 2017.10（2024.5重印）
ISBN 978-7-5513-1114-4

Ⅰ. ①近… Ⅱ. ①刘… ②蔡… Ⅲ. ①蔡元培—文集 Ⅳ. ①Z425

中国版本图书馆CIP数据核字(2017)第236230号

近代名人文库精粹：蔡元培
JINDAI MINGREN WENKU JINGCUI：CAI YUANPEI

著　　者	蔡元培
主　　编	刘东
责任编辑	荆红娟　姚亚丽
封面设计	揽胜视觉
版式设计	刘兴福
出版发行	太白文艺出版社
经　　销	新华书店
印　　刷	三河市嵩川印刷有限公司
开　　本	700mm×960mm　1/16
字　　数	380千字
印　　张	24
版　　次	2017年10月第1版
印　　次	2024年5月第2次印刷
书　　号	ISBN 978-7-5513-1114-4
定　　价	69.80元（上下）

版权所有　翻印必究
如有印装质量问题，可寄出版社印制部调换
联系电话：029-81206800
出版社地址：西安市曲江新区登高路1388号（邮编：710061）
营销中心电话：029-87277748　029-87217872

目录 Contents

蔡元培（上）

哲 学

世界观与人生观	3
哲学大纲	7
大战与哲学	40
哲学与科学	45
五十年来中国之哲学	49
真善美	74
怎样研究哲学	76
何谓文化	78
东西文化结合	83
汉字改革说	85
中国的文艺中兴	88
社会学与民族学	94
三十五年来中国之新文化	97
夫妇公约	112

蔡元培（下）

中国伦理学史 ……………………………………… 115

科学之修养 …………………………………………………… 204
义务与权利 …………………………………………………… 207
我的新生活观 ………………………………………………… 210
慈幼的新意义 ………………………………………………… 211

杂 文

墨子的非攻与善守 …………………………………………… 212
新年梦 ………………………………………………………… 214
告全国文 ……………………………………………………… 224
徐锡麟墓表 …………………………………………………… 227
黑暗与光明的消长 …………………………………………… 229
劳工神圣 ……………………………………………………… 232
不肯再任北大校长的宣言 …………………………………… 233
洪水与猛兽 …………………………………………………… 235
五四运动最重要的纪念 ……………………………………… 236
孙逸仙先生传略 ……………………………………………… 238
中国社会的动荡 ……………………………………………… 243
五卅殉难烈士墓碑文 ………………………………………… 248
关于青年运动的提案 ………………………………………… 250
秋瑾纪念碑记 ………………………………………………… 254
三民主义与国语 ……………………………………………… 255
中华民族与中庸之道 ………………………………………… 260
保障民权 ……………………………………………………… 263

美 育

对于新教育之意见 …………………………………………… 265
一九〇〇年以来教育之进步 ………………………………… 271
华法教育会之意趣 …………………………………………… 279
在北京通俗教育研究会演说词 ……………………………… 282
就任北京大学校长之演说 …………………………………… 286
在爱国女学校之演说 ………………………………………… 288
教育工会宣言书 ……………………………………………… 291

大学改制之事实及理由 …………………………………… 293
新教育与旧教育之歧点 …………………………………… 297
教育之对待的发展 ………………………………………… 300
战后之中国教育问题 ……………………………………… 302
中国教育的发展 …………………………………………… 306
中国现代大学观念及教育趋向 …………………………… 313
中国教育的历史与现状 …………………………………… 319
十五年来我国大学教育之进步 …………………………… 329
读书与救国 ………………………………………………… 332
中国新教育之趋势 ………………………………………… 334
康德美学述 ………………………………………………… 337
以美育代宗教说 …………………………………………… 343
文化运动不要忘了美育 …………………………………… 347
美术的起原 ………………………………………………… 349
美术的进化 ………………………………………………… 366
美学的进化 ………………………………………………… 370
《美学原理》序 …………………………………………… 375

蔡元培
（上册）

作者简介

蔡元培（1868—1940）　字鹤卿，号孑民，浙江绍兴人。光绪进士，官翰林院编修。曾与章太炎组中国教育会，与陶成章等组光复会，后加入同盟会。1912年任南京临时政府教育总长，主张教育应以造成现世幸福为务。1917年，任北大校长，支持新文化运动。1931年，与宋庆龄、鲁迅等组织中国民权保障大同盟。著有《蔡元培全集》。

哲 学

世界观与人生观

（一九一二年冬）

世界无涯涘也，而吾人乃于其中占有数尺之地位；世界无终始也，而吾人乃于其中占有数十年之寿命；世界之迁流，如是其繁变也，而吾人乃于其中占有少许之历史。以吾人之一生较之世界，其大小久暂之相去，既不可以数量计；而吾人一生，又决不能有几微遁出于世界以外。则吾人非先有一世界观，决无所容喙于人生观。

虽然，吾人既为世界之一分子，决不能超出世界以外，而考察一客观之世界，则所谓完全之世界观，何自而得之乎？曰："凡分子必具有全体之本性；而既为分子，则因其所值之时地而发生种种特性；排去各分子之特性，而得一通性，则即全体之本性矣。吾人为世界一分子，凡吾人意识所能接触者，无一非世界之分子。研究吾人之意识，而求其最后之原素，为物质及形式。物质及形式，犹相对待也。超物质形式之畛域而自在者，唯有意志。于是吾人得以意志为世界各分子之通性，而即以是为世界之本性。

本体世界之意志，无所谓鹄的也。何则？一有鹄的，则悬之有其所，达之有其时，而不得不循因果律以为达之之方法，是仍落于形式之中，含有各分子之特性，而不足以为本体。故说者以本体世界为黑暗之意志，或谓之盲瞽之意志，皆所以形容其异于现象世界各各之意志也。现象世界各各之意志，则以回向本体为最后之大鹄的。其间接以达于此大鹄的者，又有无量数之小鹄的。各以其间接于最后大鹄的之远近，为其大小之差。

最后之大鹄的何在？曰：合世界之各分子，息息相关，无复有彼此之差别，达于现象世界与本体世界相交之一点是也。自宗教家言之，吾人固未尝不可于一瞬间，超轶现象世界种种差别之关系，而完全成立为本体世界之大我。然吾人于此时期，既尚有语言文字之交通，则已受范于渐法之中，而不以顿法，于是不得不有所谓种种间接之作用，缀辑此等间接作用，使厘然有系统可寻者，进化史也。

统大地之进化史而观之，无机物之各质点，自自然引力外，殆无特别相互之关系。进而为有机之植物，则能以质点集合之机关，共同操作，以行其延年传种之作用。进而为动物，则又于同种类间为亲子朋友之关系，而其分职通功之例，视植物为繁。及进而为人类，则由家庭而宗族、而社会、而国家、而国际。其互相关系之形式，既日趋于博大，而成绩所留，随举一端，皆有自阂而通、自别而同之趋势。例如昔之工艺，自造之而自用之耳。今则一人之所享受，不知经若干人之手而后成。一人之所操作，不知供若干人之利用。昔之知识，取材于乡土志耳。今则自然界之记录，无远弗届。远之星体之运行，小之原子之变化，皆为科学所管领。由考古学、人类学之互证，而知开明人之祖先，与未开化人无异。由进化学之研究，而知人类之祖先与动物无异。是以语言、风俗、宗教、美术之属，无不合大地之人类以相比较。而动物心理、动物言语之属，亦渐为学者所注意。昔之同情，及最近者而止耳。是以同一人类，或状貌稍异，即痛痒不复相关，而甚至于相食。其次则死之，奴之。今则四海兄弟之观念，为人类所公认。而肉食之戒，虐待动物之禁，以渐流布。所谓仁民而爱物者，已成为常识焉。夫已往之世界，经其各分子之经营而进步者，其成绩固已如此。过此以往，不亦可比例而知之欤。

道家之言曰："知足不辱，知止不殆。"又曰："小国寡民，使有什伯之器而不用，使民重死而不远徙，虽有舟舆，无所乘之。虽有甲兵，无所陈之。使民复结绳而用之。甘其食，美其服，安其居，乐其俗。邻国相望，鸡犬之声相闻，民至老死不相往来。"此皆以目前之幸福言之也。自进化史考之，则人类精神之趋势，乃适与相反。人满之患，虽自昔借为口实，而自昔探险新地者，率生于好奇心，而非为饥寒所迫。南北极苦寒之所，未必于吾侪生活有直接利用之资料，而冒险探极者踵相接。由推轮而大辂，由桴槎而方舟，足以济不通矣；乃必进而为汽车、汽船及自动车之属。近则飞艇、飞机，更为竞争之的。其构造之初，必有若干之试验者供其牺牲，而初不以及身之不及利用而生悔。文学家、美术家最高尚之著作，被崇拜者或在死后，而初不以及身之不得信用而辍业。用以知：为将来牺牲现在者，又人类之通性也。

人生之初，耕田而食，凿井而饮，谋生之事，至为繁重，无暇为高尚之思想。自机械发明，交通迅速，资生之具，日超〔趋〕于便利。循是以往，必有菽粟如水火之一日，使人类不复为口腹所累，而得专致力于精神之修养。今虽尚非其时，而纯理之科学，高尚之美术，笃嗜者固已有甚于饥渴，是即他日普及之朕兆也。科学者，所以祛现象世界之障碍，而引致于光明。美术者，所以写本体世界之现象，而提醒其觉性。人类精神之趋向，既毗于是，则其所到达之点，盖可知矣。

然则进化史所以诏吾人者：人类之义务，为群伦不为小己，为将来不为现在，为精神之愉快而非为体魄之享受，固已彰明而较著矣。而世之误读进化史者，乃以人类之大鹄的，为不外乎其一身与种姓之生存，而遂以强者权利为无上之道德。夫使人类果以一身之生存为最大之鹄的，则将如神仙家所主张，而又何有于种姓？如曰人类固以绵延其种姓为最后之鹄的，则必以保持其单纯之种姓为第一义，而同姓相婚，其生不蕃。古今开明民族，往往有几许之混合者。是两者何足以为究竟之鹄的乎？孔子曰："生无所息"。庄子曰："造物劳我以生"。诸葛孔明曰："鞠躬尽瘁，死而后已"。是吾身之所以欲生存也。北山愚公之言曰："虽我之死，有子存焉。子又生孙，孙又生子，子子孙孙，无穷匮也；而山不加增，何若而不平。"是种姓之所以欲生存也。人类以在此世界有当尽之义务，不得不生存其身体；又以此义务者非数十年之寿命所能竣，而不得不谋其种姓之生存；以图其身体若种姓之生存，而不能不有所资以营养，于是有吸收之权利。又或吾人所以尽义务之身体若种姓，及夫所资以生存之具，无端受外界之侵害，将坐是而失其所以尽义务之自由，于是有抵抗之权利。此正负两式之权利，皆由义务而演出者也。今曰：吾人无所谓义务，而权利则可以无限。是犹同舟共济，非合力不足以达彼岸，乃强有力者以进行为多事，而劫他人所持之棹楫以为己有，岂非颠倒之尤者乎。

昔之哲人，有见于大鹄的之所在，而于其他无量数之小鹄的，又准其距离于大鹄的之远近，以为大小之差。于其常也，大小鹄的并行而不悖。

孔子曰："己欲立而立人，己欲达而达人"。孟子曰："好乐，好色，好货，与人同之。"是其义也。于其变也，绌小以申大。尧知子丹朱之不肖，不足授天下。授舜则天下得其利而丹朱病，授丹朱则天下病而丹朱得其利。尧曰，终不以天下之病而利一人，而卒授舜以天下。禹治洪水，十年不窥其家。孔子曰："志士仁人，无求生以害仁，有杀身以成仁。"墨子摩顶放踵，利天下为之。孟子曰："生与义不可得兼，舍生而取义。"范文正曰："一家哭，何如一路哭。"是其义也。循是以往，则所谓人生者，始合于世界进化之公例，而有真正之价值。否则庄生所谓天地之委形委蜕已耳，何足选也。

哲 学 大 纲

（一九一五年一月）

凡 例

一、本书以德意志哲学家厉希脱尔氏之《哲学导言》Richter: Einführung in die Philosophie 为本，而兼采包尔生 Paulsen 冯德 Wunde 两氏之《哲学入门》Einleitung in die Philosophie 以补之。亦有取之他书及参以己意者，互相错综，不复一一识别。

二、本书可供师范教科及研究哲学之用。

三、本书既为引入研究哲学之作，非哲学之著述，故历举各派之说，不多下十成断语，留读者自由思考之余地。

四、本书译语，务取最习用者。习用者不可得，始立新语。为译语志要，附于书后，以备检核。

目 次

第一编　通论
　（一）哲学之定义
　（二）哲学与科学
　（三）哲学与宗教

（四）哲学之部类
（五）研究哲学之次第
第二编　认识论
（一）认识之概念
（二）主观之认识
（三）实现世界之认识
（四）本体世界之认识
（五）认识之程度
第三编　本体论
（一）本体通论
（二）世界全体之实在及性质
第四编　价值论
（一）价值通论
（二）道德
（三）宗教思想
（四）美学观念

第一编　通论

（一）哲学之定义

哲学者，希腊语"斐罗索斐"之译名。斐罗者，好也；索斐者，知也。合而言之，是为好知。（《论语》曰："好知不好学。"）其初常为尚理论而疏实利之义，如海罗陀所述。克罗素见梭伦而叹为斐罗索斐之旅行。以其旅行之鹄的，在广求世界知识，与商贾军人有别也。柏拉图自辟精舍，标榜斐罗索斐，以与诡辩家对待。亦谓诡辩家游行都市，教授科学美术及辩论术，务以弋利。而柏拉图则承苏革拉底之派，与弟子自由讲习，专以研究真理为鹄的，而他无所求也。然自是以后，渐为学问之专名矣。

柏拉图尝为哲学界说，谓之实体之认识，又谓之无穷及有常之认识。

雅里士多德谓之研求凡物之原因及本体。拉布尼支则取譬于木,谓哲学犹其根柢,而科学为其枝叶,是皆以哲学为全体知识之学也。

英国经验哲学洛克、谦谟诸家,尝揭取心理界诸问题,如认识之起源及条件,与夫行为之动机及鹄的等,为哲学之对象。而心理学家贝耐克、栗丕斯诸氏,又谓哲学以人类意识界之结论为范围。于是以心理为中坚,以历史学及各种有系统之精神科学左右之。而自然科学之理论,则不复组入也。

以上诸说,虽所见有偏全之殊,而要皆自理论方面诠释之。而与之对待者,则偏于实际方面。于是哲学之内容,不以知见,而以品格。此其主义,亦复由来甚古。盖述希腊哲学者,无不推原于七贤,大抵以嘉言懿行为后世所仰慕。及宇宙论盛行以后,而苏革拉底乃以知德同点之说著。其后希腊哲学家,鲜有不注重于德行者。近世哲学,如叔本华、尼采等皆以道德为哲学最终之问题。洛克派之别出者,及专研康德、费希脱实际方面之学说,而倡为新哲学及神学者,皆近于此派。而德林著哲学之品性主义,其最著者矣。

要之,哲学为学问中最高之一境,于物理界及心理界之知识,必不容有所偏废,而既有条贯万有之理论,则必演绎而为按切实际之世界观及人生观,亦吾人意识中必然之趋势也。故在昔哲学家,虽以其性质之偏性,或迫于时势之要求,而有所畸重,而按诸哲学之本义,则固当兼容而并包之。

(二) 哲学与科学

韩非子《解老篇》曰:"凡物之有形者,易裁也,易割也,何以论之?有形则有短长,有短长则有大小,有大小则有方圆,有方圆则有坚脆,有坚脆则有轻重,有轻重则有白黑,短长大小方圆坚脆轻重白黑之谓理。"又曰:"凡理者,方圆短长粗靡坚脆之分也。故理定而后可道也。理定,有存亡,有死生,有盛衰。夫物之一存一亡,乍死乍生,初盛而后衰者,不可谓常。唯夫与天地之剖判也俱生,至天地之消灭也不死不衰者,谓常者。而常无定理,无定理,非在于常所,是以不可道也。圣人执其玄虚,用其周行,强字之曰道。"其所谓理,即今日科学之内容;其所谓道,即

哲学之内容。是先秦学者，本有此分别观念，特以科学既未确立，则哲学亦无自而自画其领域。自宋以后，或言道学，或言理学，皆含有哲学之意义。而科学观念，则自欧化输入以后，始确定焉。

欧洲古代学者，初不设哲学、科学之别，凡今日所谓科学者，悉列为哲学之一部。柏拉图之哲学，举一切物理、心理、政治、道德之理论而悉包之。雅里士多德则分别部居为论理学、物理学、心理学、宇宙论、动物学、玄学、伦理学、政治学、理财学、雄辩术、文学诸科，而即以组成哲学之系统。及中古烦琐哲学，以哲学隶于宗教，而科学之组入哲学如故。即近世哲学，自培根、特嘉尔以降，亦尚仍其习惯。培根分学术为记忆、想象、知识三种。记忆者，历史学也；想象者，文学也；知识者，哲学也。而哲学一部，举一切科学知识而悉包之。特嘉尔释哲学为人类知识之全体，而揭其最要之部分，为一玄学，二物理学，三机械学。实以自然科学为哲学中重要之部分。其后培根一派，如霍布、洛克、奈端等；特嘉尔一派，如斯宾傩赛、莱布尼支、伏尔弗等，其所谓哲学亦然。

哲学与科学之界别，始于两种原因：一、因有摒科学而独立之哲学；二、因有离哲学而独立之科学。

自康德作认识论，以知见之形式为纯任先天，而不关乎经验。承其流者，逐演为超轶经验之哲学，如赛林、费希脱、海该尔诸家是已。费希脱谓哲学者，不必顾虑于何等经验。而一切据先天之性灵以经营之；赛林则且以研究自然现象者，为盲动，为无理性。谓哲学之败坏，自培根始；物理学之败坏，自波爱尔及奈端始。至海该尔而此等思索派之哲学，达于极度，举所谓世界之本体，一以论理之概念构成之，此哲学之摒斥科学者也。

自十六世纪以后，各种科学，自由发展，为物理学、化学、动植物学等。关于自然现象者，已无不自立为系统之科学。而关于人事，如政治、法律、社会诸科学继之。至于今日，则如心理学者，亦以其根据生理利用实验之故，复离哲学而独立。故说者谓哲学所包含之科学，既以渐而独立，则哲学将来之运命，将日趋于消极。郎革谓哲学将仅为有理想之文词。海该尔派之专治哲学史者，谓哲学家之职业，将不外乎自述其历史，此又科学之离于哲学者也。

虽然，摒科学而治哲学，则易涉臆说；远哲学而治科学，则不免拘墟。两者可以区分而不能离绝也。今日最持平之说，以哲学为一种普遍之科学，合各科学所求得之公例，为之去其互相矛盾之点，而组织为普遍之律贯。又举普遍知识之应用于各科学而为方法、为前提者，皆探寻其最高之本体而检核之。如是，则哲学者，与科学互相为因果而又自有其领域焉。

（三）哲学与宗教

哲学与宗教，在历史中有迭为主客这关系。未开化之民族，无所谓哲学也，宗教而已。人智进步，有对于普通信仰之主义而不敢赞同者，视其智力之所能及而研求之，是谓哲学思想之始。特嘉尔所谓哲学始于疑者是也。希腊哲学家，为当时神道教之反对者，苏革拉底以是殒其身而不悔。柏拉图及雅里士多德之哲学，则以融合科学及宗教为最高之鹄的。欲以哲学求得正确之世界观，而据是以建设完全之宗教。其后斯多噶及爱璧古尔二派亦然。希腊旧教之所以衰歇，哲学家与有力焉。

自基督教兴，利用新柏拉图派，及雅里士多德派之哲学，以张其教义，所谓沙拉斯替克者也（烦琐哲学）。于是昔日影响宗教之哲学，遂蕴蕴于神学之中，而为宗教之臣仆，此西历八世纪至十六世纪之已事也。

及十七世纪，经培根、斯宾傩赛、洛克诸家之提倡，而十八世纪疏证哲学兴。务以哲学为常识而散布于人人，在英有贝克莱等；在法有福尔泰等；在德有伏尔弗等。拔哲学于神学之中，而复为独立之科学，且欲以哲学之理想，为信仰之标准，而建设智力之宗教，复以宗教为哲学之隶属焉。

康德创立评判哲学，画定人类知识之界限，谓"吾人据事物之经验，就论理之形式，而构成概念，皆感觉界以内之事，即哲学及科学之领域也。宗教则托始于超轶感觉之观念，而不以概念为根柢，故哲学与宗教，各有其范围，而不必互相干涉。"如其说，则哲学家当从事于感觉界以内，集经验科学之大成，而组成完全之律贯，若逾此而对于万有最早之原因，及其最后之鹄的，欲以理论证明之，则为侵入宗教之范围，而终无自而解决。宗教家当游神于感觉界以外，循人类最高之希望，而贻以修养之法，若逾此而对于科学之结论，如地球绕日，人猿同宗诸说，欲以经训反对

之，则亦徒为无谓之纷争，而自陷于谬误也。

虽然，哲学与宗教之离绝，良非易易，盖思想与信仰，虽异其方面，而要同托于一人之意识界，若截然界别之，则于人类趋向统一之本性，为之不安。故康德以后之哲学家，常欲沟通哲学及宗教，而提出统一之主义，其最著之说有二：斯拉玛海及海该尔是也。斯拉玛海当反对宗教论盛行之时，独以哲学求宗教之真谛，而为之抗议。其大意，谓"人类心灵之作用有二：一隶于感觉世界；一隶于感觉以上世界。感觉世界者，知见之世界也。一切循知见之律贯，以为秩序，感觉以上之世界，情感之世界也。人类以其固有之性灵，与超绝感觉之本体相接引，而所借以表示其系属之情感者，为宗教。"此承康德之说，而以二元论之式诠解之者也。

海该尔则谓"哲学及宗教，皆吾人理性之作用，不异其内容，而异其形式，其由印象及情感之效果，而见于符记者，以想象为机关，而以宗教为作用，其循论理之涂辙，而构为概念者，以理想为机关，而以哲学为作用，是则两者均不外乎吾人之理性。虽其表示之状态，不能尽同，而其最深之根柢，决无二致。"此又承康德之说，而以一元论之式结合之者也。

其他哲学家致力于宗教哲学统一之主义者，及今未沫，而各尊所闻，迄无定论。观哲学界及神学界之趋势，殆将复返于康德之故步，而守其互相干涉之戒焉。

（四）哲学之部类

近世部别科学者，常列为三部：一、常有前后相承之现象，屡试而屡验者，是为现象之学，如物理、化学等是也；二、种种对象，樊然并陈，由研究者互相比较，而求得有条理有秩序之概念，是为律贯之学，如植物、动物、生理诸科学是也；三、介乎前两者之间，有相承之现象，又有待于比较之概念以组织之，是谓系统之学，如历史学、生物进化学等是也。古代哲学，包心理学而有之，其学本属于现象一类，然现象之学，本与哲学之性质及方法不能相容，而自生理之心理学成立。则心理学所研究者，皆以心灵中实现之作用及由是而发生之行为为对象，而实地经验之，以求得公例，与理化各科无异，不复借玄学之假定义以为前提，不容不离哲学而独立。故哲学中不复列心理学，而所可部别者，亦唯有系统、律贯二类焉。

系统之学，为能知之事，知识之学隶之，而其间又有二别：一、所以研究思想之形式及模范者，论理学是也；二、所以证明知识之实状者，认识论是也。而认识论之一部分为方法之学，则兼形式与实状而有之。以其一方面钩取各科学所用之方法，而稽核之，为属于实状；又一方面，则归纳此等方法于论理之范畴，及认识之宗旨，则又属于形式也。

律贯之学，为所知之事，原理之学隶之。其间先区为普通、特别二

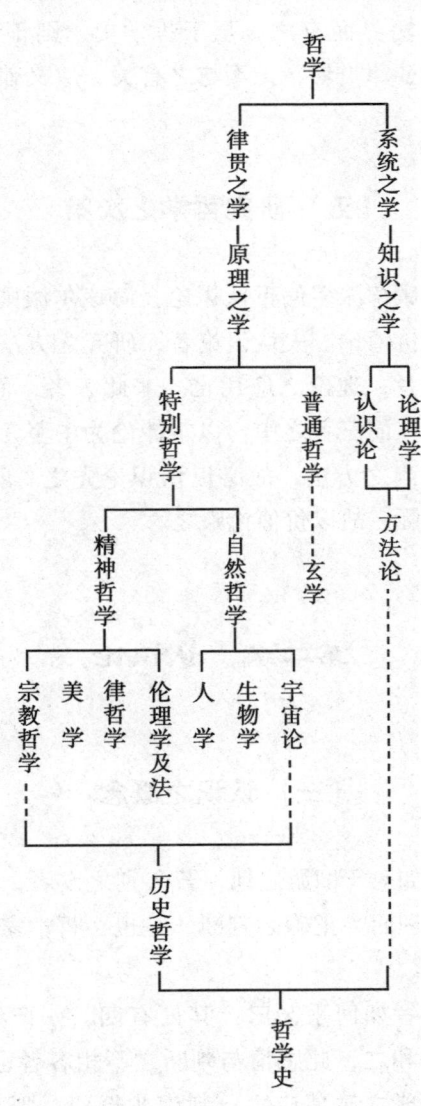

门：普通者，玄学是也，亦或谓之纯正哲学；特别者，先区为自然哲学及精神哲学。自然哲学又区为（一）宇宙论，（二）生物学，（三）人学。虽近似自然科学，而皆含有普遍之性质者也。人学者，兼生理心理而研究之，其专研生理之人类学，则为自然科学，而隶于动物学者也。精神哲学，则别为（一）伦理学及法律哲学，（二）美学，（三）宗教哲学。而历史哲学，则一方面关乎道德法律之成绩，一方面又关乎宇宙论及生物人类之学，兼自然精神两界而有之。至于哲学史，则于哲学家所研究之范围，无论其为系统者、律贯者，无不与之有关，故又兼两类而有之。为表如左（见上页）：

（五）研究哲学之次第

近世哲学界中，康德派多偏重认识论，海该尔派则偏重本体论。其他如德林之属，又偏重价值论。夫认识论者，研究之方法也；本体论者，知识之内容也；价值论者，理论之应用也。兼此三者，而哲学之能事始完，不得举一而废其他也。而三者之中，以本体论为中坚，唯欲本体论之不陷于谬误，不可不有正当之方法，故必以认识论先之。既有本体论之结论，乃得本是以应用于实际，故以价值论殿之。

第二编　认识论

（一）认识之概念

有心理之认识，如对于旧游之地，若久别之友者，是也；有论理之认识，对于真理或非真理而为正确之判断，是也。哲学家之所谓认识，以论理之认识为限。

所谓正确之判断者如何乎？曰：其证有四，一曰感情之相应，如赵高指鹿为马，而群臣和之，此感情与判断之不相容者也。所谓相应也者，判为真理，则必有赞成之感情应之；判为非真理，则必有反对之感情应之。二曰经验与思索之调和，古人以彗星为兵灾之兆，此凭偶然之经验，而不合于思索者也。化学家自谓有造人之术，此出一时之思索，而不合于经验者也。真确之判断，则反之。三曰意识之明了。醉后谰言，梦中呓语，虽合事实，仅为偶中。正确之判断，必其思索之脉系，经验之状态，皆了然于意识中者。四曰人情之契合，如数学中之 2（甲＋乙）等于 2 甲＋2 甲乙＋2 乙。如化学中氢二氧（H_2O）为水，此不特本一人之思索及经验而判断如是，即推之其他一切能思索能经验之人，亦将无不为如是之判断也。

（二）主观之认识

吾人意识中有种种印象，非经验界所供给者，非特童牛角马，瑶草琪花，纯为想象力所构造者然也。即明明本诸实物，而既为抽象之总观念，如三角，如马，如德行，则吾人亦得任意而分之合之大之小之，于是不复谓之实物，而专属于主观，吾人得以真者判断之，而谓之主观之认识。

此等主观之性质，纯然论理若数理之关系也，如曰："金铸之人是曰金人"；如曰："使人类可以不死，老聃可以不死"；又如曰："三角形，其角度之和，必等于两正角之和"；又如曰："以三乘六十六，得一百九十八。"此皆不必求印证于实物，而且得普遍之赞同者也。由是而推之，凡其反对之象，不特为吾人所否决，而且非吾人所能存想者，皆属于此类。如曰："有石下坠，不陨于地，而转如飞艇之升于空中。"此虽吾人所否决，而尚可以存想之。如曰"马非马"，如曰"同边之三角形，其角度不同"，则吾人虽可以语言表示之，而其意义，乃决非吾人所能存想矣。

凡正确之判断，必为思索及经验之调和，既于前章言之。而所谓纯然数理及论理之判断，则初不待乎经验，而其为正确也自若。虽其应用之时，未尝不与经验为缘，而考其全体之性质，及其公例之由来，则决非如他种经验知识，由屡屡同一现象而构成概念者。盖一切经验之知识，皆可存想其反对方面之状态，所谓可决，亦仅能为大多数之推度，而不能为普遍之定例。至其应用，亦不容为想象力所变更，而主观之认识皆反之，是以谓之先天之关系。

（三）实现世界之认识

吾人意识中，不仅有主观之认识而已，常有种种实现之印象，非吾人之思想所能自由生灭者。例如一笔一书，一喜一悲，非吾人之思想所能无端消灭之，或无端变革之。使吾人未尝见一笔于此，见一书于彼，则不能无端为见其在此见其在彼之想。既已见之，则又不能以思想变革为无见。又如芒刺在背，决不能以思想易苦痛而为愉适，皆其证也。

是等实现之印象有二别：一属于物理者，谓之外物，亦谓之形而下，如书、笔及其他无机诸物是也，是谓感觉。其一属于心理者，谓之内识，亦谓之形而上，如悲喜及其他希望恐惧之属是也，是谓情感及意志之冲动。

夫此等感觉，与夫情感及意志之冲动，如何而为认识之对象乎？曰：是皆谓之意识之内容，（一）以其种种性质，如色，如声，如苦痛，如愉快，皆不为独立之性质，而特为吾人意识之所觉；（二）以其无论何时，凡曾经了解者，皆能以心力存想而复见之；（三）以其不能互相离绝，常互相变易，而互相关联，以构成我见也。凡意识顷刻间之所历，谓之直接之经验，亦谓之不可反对之经验。而意识之阅历，则谓之论理界必然之思想，能使吾人回想其所阅历，而为正确之判断者也。如曰"我见光"，如曰"我追想交际社会中之愉快"，此为经验界最正确之判断，而得最完全之调和于经验思索之间者。以其判断，对于此一时之先觉及快感，而非普通之所谓光所谓愉快也。

使吾人以意识之经历与其所经历者，各就范于论理及数理之公例，则其为正确也从同。如曰："我思三加四得七"，又如曰"我思人皆不免于死，我思某甲人也，我思某甲亦不免于死"，此其意识之经历，固正确矣。然如我取梨三，又取梨四，而我谓之七梨。又如人既不免于死，某甲人也，我断某甲不免于死，此其意识之所阅历，即亦不得不谓之正确。何则？其反对之状态，非吾人所能存想，而其判断，又必受普遍之赞同，固无以异于前者也。

夫是等判断，何以必兼经验与思索而构成之乎？其故如下：

如曰纯然以经验构成之，则将谓一切现象之变化，必有其原因，而此之现象，即其效果，苟非有特别之旁缘，则此种因果之相承，必不容有例外，例如腊克谟纸遇酸而红，遇碱而青；如恐怖希望，常相继而来；如眼神经苟被激触，则必有色之感觉。此其认识之所由来，诚起于种种分子，如腊克谟、如酸、如红、如碱、如青、如恐怖、如希望、如眼神经、如色，使吾人于同一之关系试验之，则此种种分子，诚能以同此之形式，相承而复见，此经验之效也。然凭此成迹，而遂为不容例外之定律，且以应用于过去未来，一切不及经验之境，岂尚得以经验目之耶？

如曰：纯然以思索构成之，则物理界心理界种种不规则之现象，与夫各种规则之特性及缺点，有不能仅凭思索以规定之者。例如三加五为七，虽吾人所不能存想，然而太空之有极，弹丸之循弧线而投出者，不循切线而下坠，则虽不合于事实，而吾人可以想之。然则所以矫正之者，不经验之恃而何恃耶？

由是知物理界或心理界定律之构成，不能仅凭经验，亦不能仅凭思索，必也合两者而经营之，以经验求得前此齐同之现象，以思想弥补之，使此等齐同之现象，益以推广其范围，而且为画一之规则，以应用于人人也。

（四）本体世界之认识

人类虽有此实现世界之认识，而尚不足以餍其好知之欲望，常欲由此实现之内容，而更求其内容之元始，由此画一之规则，而更求规则之根极，于是有一问题焉，曰：超轶吾等意识中实现世界以外，更有所谓本体世界否乎？

于是有互相对待之解决法，即所谓实质论与观念论也。实质论者，以本体世界为一种实质，在吾人意识以外；而观念论反之，则谓不外乎吾人意识之关系。两家之争点，以关于物理界者为最剧，今先述其聚讼之概略如左。

夫吾人所以定判断之正确与否，不尝主经验与思索之调和乎。今对于两家之聚讼，而所以稽核之者，即亦不外乎此。核两家之言，时而自谓纯得之于经验，时而自谓发于必然之思索，时而自谓本经验所得而且以思索整理之者，请约举而评判之。

实质论之经验说曰："吾人之所经验物之实质。固尝借吾人之感觉以昭示之矣。"观念论之经验说，则曰："吾人所见有物理世界者，以感觉为源泉。而感觉者，不外乎吾人意识之内容，是至明了之经验也"。虽然，一切经验，均不能轶于意识以外，则实质论所谓意识以外有实质，固不得谓纯然根据于经验也。经验固不外乎意识，而所谓意识以外必不容有凡物之实质焉，岂亦曾所经验乎？则观念论之说，亦不得谓纯然经验之效果也。

实质论之必然思索说曰："执途人而问之，均不敢谓吾人感觉以外，别无万物之实质也。"观念论之必然思索说，则曰："吾人苟一存想，谓世界本体，不必有关系于意识，而此之存想，即不能遁诸意识以外矣。"虽然，意识以外无实质，固吾人所能存想者，实质论自以其说为必然之思索，非也。吾人又未尝不可设想，以为凡思想即皆物理作用之现于意识中者，凡思想之内容，皆根据于意识以外之一种实质，然则观念论之所主张，未尝不可为反对方面之存想，亦岂得谓之必然之思索乎？

实质论之经验思索调和说曰："苟非意识以外，别有与之对待之实质，循因果之定律以感动之，无自而发生确有规则之现象也。"观念论之经验思索调和说，则曰："吾人意识中，现象与现象之间，固已合乎因果律矣，何居乎必于吾人意识界以外，复设一雷同之实质乎？"虽然，因果律之形式，固未尝不可以观念转置之，如云，由琴弦之振动而传于空气，又由空气之波动而传于听神经，于是吾人有声之感觉，是也。然未尝不可转而用之，谓吾人有琴弦振动之感觉，而后有空气波动之感觉，而后有声之感觉。然则实质论谓非有实质不能构成因果律，非不易之论也。往日不知科学之人，常为极端之实质论，即以各种感动之部分，均为凡物之实质，此固非今之实质论所可同日而语也。今之实质论，以感觉为物质激刺之反射，又未尝以此反射者为即激刺者之摄影，而仅仅谓之符号。例如花之感觉，有色、有香，而甚柔，非其本质如此也。花之本质，乃于直观中空间之一部分，聚有多数之原子，由此原子，发为无色之气体，或不可见之以太，或其他心理上所能想象者。及其入于感觉也，而后为香为色为柔云尔。然则实质论之说，初不以本体世界与实现世界为同一之内容，而观念论乃以雷同斥之，亦非确谳矣。

由是观之，实质论与观念论，均不能为绝对之正确，亦均不得为绝对之不正确也。然则于物质、观念两派以外，尚有可以指证者乎？曰：无之。虽然，有一事焉，可以指证者，曰：对于物理世界本体之判断，既不能如主观认识之为绝真，亦不能如现实世界因果律之为近真，而仅能为或真之拟议，以其不可得而经验也。

所谓不可经验者，非不及经验之谓，如吾在此室，而忽闻门外有抢攘之声，虽一时不知其所由来，而可以推寻而得之。又如地球之起源如何，当地球发生第一植物时，使有见之者，其愉快如何！此在吾人虽无可以经验之希望，然地球之成立，第一植物之发生，皆实有其时期及事实，唯吾人不及生当其时耳。苟作万一想象，谓有生当其时者，则亦得而经验之，此皆不及经验之问题也。若乃物理界之本体，则吾人虽日日生活其中，而决不能为经验之想象，是根本义所不许也，故谓之不可经验。

既曰不可经验，则对于此种判断，不能以经验为标准，然则以思索为标准乎？而必然之思索，所可取决者，唯论理及数理耳。其他既不能应用于物体，亦不能应用于物性，而对于物理界之本体，更无所施其技，然则其标准何在乎？曰：必不得已，仍善用普通认识之标准而已。普通认识之标准如何？曰：经验及思索之调和也。使其所主张者，于思想界有自相矛盾之点，或其所借以证明者，于经验界有违反事实之迹，则不得不斥为谬说，使其根据经验界之公例，而推用于经验界以上，以超绝经验之元素，组织为理论，由其理论而演绎之，又足以证明一切经验界事物之原理，而无所冲突，则可以赞同之说也。使有数派之说，皆达于此程度，则视其演绎之方式，易简者较优，而委曲者较逊焉。

以是为准，则实质论与观念论，皆在可以赞同之列。至其演绎之方式，何者最为易简，而尤可以受吾人之赞同，则已侵入玄学问题，当于下编详之。

至于即心理方面而言本体，则亦可以前说比例而得之。盖心理诸问题，其有可经验与不可经验之别，与物理无异。感情、欲望之属，可以经验者也。至于我见之本体，合多数之心理，求其统一及原始之点，并求此统一心理之性质，简单乎？自由乎？不灭乎？则皆超乎经验之范围者矣。

（五）认识之程度

自希腊以降，凡思想家以人类之认识力为不受制限者，谓之独断派；

其以认识力为不足凭依者，谓之怀疑派。虽两派之中，各有绝对主张或相对主张之不同。而要其不失为一派之所主张，则同也。

独断派之所主张，以为人类者，自根本义观之，无论何种对象，皆可以有绝端正确之认识者也。此非指各人而言，而特据人类之普通性言之。盖人固常有生而不慧者，早夭者，失学者，不能责以至正确之认识，要皆可指为例外，而于人类之普通性无碍也。

怀疑派之所主张，则反之。谓人类者，不能有正确之认识，而其所谓认识者，率不能谓之正确，此亦为人类之普通性言，而非为各人言之。

对于此两派相反之主张而加以判断，不外乎以前此所述之认识力为标准。盖吾人之认识力，因对象之不同，而认识之程度，遂有深浅之异，苟观察者由浅而深，则循其进步之迹，而达于积极。又或由深而浅，则循其退化之程，而达于消极。是即独断论与怀疑论之所以歧异，而两者实互有是非也。

盖自其趋于积极之一方面观察之，所谓本体世界者，虽曰玄之又玄，而尚有可以窥测之端倪，进而及实现世界，则凡本经验及思索之调和而判断之者，其正确之程度，已达于高点，进而至于主观直接及论理数理之认识，则可许为极端之正确。然则人类认识力之可恃，固已彰明较著，在独断派之主张，不为无见，而怀疑派一切抹杀之，不得不谓之谬误矣。

虽然，自其趋于消极之一方面观察之，自主观直接及论理数理之认识以外，实现世界之认识，已不能证明其为完全之正确。至于不可经验世界，则唯有悬想若假定之说而已。然则人类之认识力，固有不能超越之限界。怀疑派之主张，亦不得为无见，而独断派乃以认识力为万能，是亦不能不谓之谬误也。

夫吾人认识力之限界，其不可破也如此，然则吾人其姑退一步，以实现世界之高级正确自足，而所谓玄之又玄者，姑存而不论乎？抑以此玄之又玄者，尚有端倪之可寻，吾人不能以认识力之弱点自馁，而永与之驰骛于无穷乎？曰：是一听吾人之自择，而即非哲学者与哲学者之所由区别也。盖哲学者，求知之谓，非已知之谓。苟其求知之愿，本易餍足，则息足之点，随在可得。彼所谓哲学焉者，初未尝迫吾人以研求之也。唯其抱溥博渊泉之志愿，而已得之知识，无足以餍之者，则极深研几之役，虽欲自阻而不能。吾人苟取哲学史而读之，虽若一人一义，十人十义，纷如聚讼，而细寻其进化之脉络，觉于缭曲往复之中，自有其奔赴正鹄之中线，足以见古今思想家之致力，决非徒劳，而亦必非浅见者之所能梗阻焉。

第三编　本体论

吾人既于认识论中略述能知之事，由是进而论所知之事，是谓本体论。本体论分为二章：一曰通论，统实现世界而为之，求其所自出者也；二曰本论，即其所自出之本体，而究其实在及性质者也。

（一）本体通论

吾人较为正确之认识，以经验世界为限，由是而进于不可经验之本体，即不免涉于玄学之假定义，此认识论所证明也。然此经验界者，必不失为本体之一方面，故哲学家中有欲组织一根据经验不涉玄学之世界观者，以为科学所研究，为各部分之关系，若统各部分之互相关系而组成完全之系统，是即经验世界之本体，而哲学家所有事也。

循此趋向而进行者，谓之积极哲学（亦谓之实验哲学）。其间有种种问题，曰："一切无机物，皆为一种机动之分子或原子所构成者乎？一切物体，皆由其积力之交易而组成秩序乎？"曰："一切有机物，果皆循天演之例，由其原子之机动，与夫积力之交易，而归宿于优胜劣败之点乎？"曰："情感意志及思想，果出自一种之原素乎？情感及意志，果同一原素，而特以动作之强弱及久暂为别乎？意志及思想，果为一种意识之变化乎？"曰："物理界与心理界之关系，循何种原则乎？将谓种种意识均不外乎物质之作用乎？抑意志及感情有然，而理想独不然乎？"曰："一切经验界之积力，皆可以计量，而所谓物理界之公例，不能适用于心理界乎？"此皆今之积极哲学家所孜孜研求者也。

然而有种种问题，为此派哲学所摒斥不道者，曰："物理界及心理界，果以物质为原本乎？抑以动力为原本乎？而所谓物质若动力者，果何由而发生乎？"曰："于物理界与心理界互相对待以外，尚有与此物理心理统一之世界相对待者乎？于吾人所能感觉之动力以外，尚有一种极微之动作，

与吾人以不可经验之激刺者乎？"曰："此世界之全体，果为神之著作，而人类之心灵，果不死者乎？"如此类者，皆积极哲学家所存而不论者也，然而自昔之哲学家，恒不以积极哲学之世界观为餍足，于是进而为玄学之本体论。其所研求之对象，曰："何者为世界最后之原素？"曰："何者为万有之统纪？"常为实质论与观念论殊别之点。至其他问题，如曰"世界最后之原素，循何等最高之法则而运动？"曰："原素及法则之所自出，或两者之所归宿，所谓最高之统一者，其实体及性质果如何乎？"则皆有一部分焉，与两派之聚讼无关也。

夫实质论与观念论之区别，果何在乎？曰：以世界为不外乎吾人之意识，而不于意识以外别为一种实质世界之相像者，谓之纯正观念论。以意识以外，别有一种实质，为物理界心理界之各各现象所自出者，谓之纯正实质论。若乃所承认之本体及种类及性质，不为纯粹之观念若实质，而特为一部分之偏胜者，则得谓之比较观念论，若比较实质论。要之，两派之争点，尤在对于物理世界一方面，而论其本体，在纯正实质论，以为物质之本体，即具有物理界之通性者，如声色臭味温寒及其展布于空间、延长于时间之形式，皆是也。而比较实质论，则以为物质之本体，仅具有空间时间之形式，而其他感觉中之现象，则由物质本体之运动，而表示其性情于主观之意识者。纯正观念论，对于客观本体之说，以物质本体为与感觉为交互之概念者，一切反对之。比较观念论，则为物质自有本体，以其通性与感官中之现象相应。唯空间之形式，与情感之原素，则非其所具。而为吾人主观所结构，或发于一种不可知之天性云。

关于此等差别之点，其最要之关键，有一问题焉，即所谓现实世界最后之一点，物质乎？心灵乎？此固实质论与观念论之权衡，而尤于物理界一方面为有直接之关系也。夫如何而后有实在之物质，如何而后可以建立唯物论之哲学，不可不先有一假定义：即凡展布于空间之物体，皆能无关于意识而独立，是也。盖必如是，而后实现世界有一部分焉，不关于意识，然亦仅仅一部分而已。

观念论之假定义，谓感觉者不必再有所由出之对象，即曰有之，亦求之心理界而已足。盖如所谓物质者，使谓其别有本原，而并非出自感觉，则所谓物质之实体，将无自而存想。且吾人苟不于感觉中求得物质之原本，则观念论之世界观，将无余地以容物质也。是则世界之造端于心灵，在观念论实为必然之思索也。而实质论则反是，彼其所最直接者，自为唯物论，而要非其必然之思索，盖即使空间也，运动也，物体也，果皆为常存者。而常存者不必以此为限，不必无余地以容心灵也。是以实质论得有四式：（一）以物质为实在，而为心灵所自出者，是谓唯物论；（二）心灵以为实在，而为物质所自出者，谓之实质唯识论；（三）以物质与心灵为并存而不悖者，是为二元论；（四）以物质与心灵为同出于其他最后之实质者，是为一元论。

唯物论 唯物论者，以世界全体为原本于一种原子之性质，及作用，及阅历，而此原子者，即无生活无性灵之质料，而位置于空间及时间之范围者也。此等原子之数及量，或以为无穷；或以为有限；或以为原子之运动，在其互相吸引与互相抵拒；或以为原子者，含有无意识之势力，如电、如热、如化学中之化合力。要之皆不失为唯物论之原子也。彼不但以无机物为构自此种原子，即在有机物亦然。而对于有机物之心灵，则或以为一种精细之原质，如呼吸然；或以为一种最滑最轻之原质；或以为物质之性情；或以为物质之作用；或以为物质之效果。其最简单而明了者，为近世唯物论家嘉里拉之言，曰："肾能泌溺，肝能泄汁，脑之能为思想也，亦若是则已矣。"

此派最著之理论，谓即经验界言之，心灵之作用，无不关系于体魄；而体魄之存在，则可无俟乎心灵。例如无机物之全部，求其所谓心灵者而不可得，而体魄则素具之。至于有机物之高等者，始有所谓心灵，而未有不具体魄者。是知心灵必寄于脑部，而非脑部之有待于心灵。是以脑部较大而较精者，其心灵亦必与之俱大而俱精。又如其脑部之重量，较大而襞积较多，则其心灵之作用必较为进步；脑部或受损害，则心灵亦为之改变。此等关系，不特今日然，即推之无穷之已往，无穷之将来，而亦无不然。然则物质者，固有独立存在之资格，而所谓心灵者，不且为物质之所产生耶？

实质唯识论 与唯物论为最近之对待者，为实质唯识论。唯识之义，本近于观念论，唯其以心灵为实质，与唯物论之以物质为实质者相等，故不出实质派之范围。彼以物质为心灵之所产，而心灵之原素，则为一种无意识之原子所构成。其说之成立，乃较对待之唯物论为较难。何则？唯物论之说，物质一方面，得之证验，其所待推断者，唯心灵一方面耳。至实

质唯识论,则于物质心灵两方面,皆不能不用推断法也。虽然,为实质论者,既不能使物体独立于感觉以外,又不能遁出于自觉意识之范围,则所谓实质唯识论者,犹当视唯物论为进步焉?

二元论 鉴于唯物、唯识之各有困难,而折中其间,则有二元论。以为物质与心灵,自无始以来,即为互相对待之分子,既非由甲生乙,亦非因乙得甲,而特为至密之接近。在无机物界,仅见有物质而已。及其进化而及于一阶级,则心灵始参入其间,而与体质且互相影响。感觉者,物质之影响于心灵者也。如光线触视神经而见有光,声浪达耳神经而闻为声。是也。意志者,心灵之影响于物质者也,如内断于心而百体从令,是也。

在唯物、唯识两论,于相生之点,不能不用假定义,得二元论而两者一循其固有之状态,可谓较易简之说明矣。然犹有指摘其缺点者,一则由人类而逆溯之,自动物而植物而无机物,在进化史中为天然之层次,乃所谓心灵者,于太始既不可见,而忽焉发见于中等之中,何说以处之?二则二元并立,不足以餍趋向统一之要求,是也。

一元论 鉴于二元论之缺点而进一步,则有一元论。以为物质与心灵,均非最高本体之两方面,如一纸之有表里然,故两者不必互相生,而亦不能互相离,生理心理之间,不复为互相影响之关系,而直为共同操作之状态,两者皆并行而不悖焉。

虽然,如其说,则所谓最高本体者,非物质,非心灵,而亦物质,亦心灵,其状态果如何者,虽大勇之理想家,亦无以形容之。盖吾人所能意识者,不外乎附丽于空间之物体,及超轶乎空间之心灵,若曰不离乎此两者而又不域于此两者,则非吾人之所能存想,而仅为空空之名号已耳。然在实质论中,求其于现实世界为最简单之说明,而又有以副统一之要求,则不得不推此说为优胜矣。

吾人于是进而述观念论。夫使吾人感觉界中,并未有不含心灵之物质,则所谓观念论者,殆不难于一致。今也,自一人而推之于人人,自人类而推之以至于无机物。既有种种差别之现象,往来于意识中,于是持观念论者,随所见之广狭,而所持主义,亦不免有差别之种类及数量焉。

我识论 观念论者,以心灵为世界本体之原素者也,而其主义之进化,乃为点状之进行,而发端则始于一点,故第一形式为我识论。我识论者,言世界本体,不外乎我之意识。我之意识,有情状,有内容,有动作，有附丽于空间者，有超轶乎空间者，是即世界之本体，而为万有所发生也。求之认识论，唯吾人意识中固有之情状，不待玄学之假定义，而自有正确之判断；其根据玄学假定义以证明实体者，率不过悬揣之理论。然则可许为实在者，又岂有外于我之意识乎。我之感觉，我之情感，我之意志之进行，实在者也。何者为我？曰：或指意识中各各之情状常有一我之情感与之相关联者言之；或以各各情状常互为有法之关系，因举其关系之总体而以我名之。彼以为我之感觉以外，无所谓物体；我之情感意志及思想以外，无所谓心灵。例如有一语焉，曰"柏拉图著政治论"，是不外乎我之意识中，有一种人格之感觉。如所谓柏拉图者，有一种美术教育政治道德等种种理论之感觉；如所谓柏拉图之政治论者，又有一种以如是人格著如是理论之感觉；如所谓柏拉图著政治论者，又岂有外于我之意识者乎？

是说也，既无自相矛盾之点，于经验界亦无所谓抵牾，而以一元说明万有之本原，亦不可谓非简易也。虽然，有一问题焉，为是说所不能解决者：即我之意识以外，尚有其他之意识，是也。夫吾人意识中，既有我身之感觉及其表示，而又有非我者之感觉及其表示，固常为类似之种类及数量者也。然我身之感觉，常有我之情感意志及思想，与之相应；而非我者之感觉，为吾意识中所有者，其与是相应之情感意志及思想之情状，既非我所能直接而经验，则亦无自而判断之。夫吾人决不能谓唯我身之感觉及其表示，与内界之情状有关，而非我者之感觉及其表示则否。如我之笑由于快感，而非我者之笑则否；我之哭由于悲感，而非我者之哭则否。我之拊掌，由于有所赞成；我之摇首，由于有所反对。而非我者之拊掌及摇首则否。然则我识论之范围，不能不破；而我之意识以外，不能不有非我者之我，乃并我之所谓我而亦意识之者也。

我识论既不足以餍人意，于是由我识而进于多识。我之感觉，为空间及声色臭味等所组织，而空间及声色臭味等，亦得组织而为他人之感觉。我有感觉而种种心灵之动作若情感若意志若思想，皆与之相应，则因他人之同有感觉，而推知其种种心灵之动作，亦无不与之相应也。且不唯人类而已，彼动物之有感觉及其他心理作用，既为吾人所共见，则其有意识也，犹人类也。不唯动物而已，一切植物，与动物同为有机，而其吸收食料，体合气候，或迎光而移，或触痒而振，与动物之心理作用，殆无以异

也。然则植物固非无意识者。不唯植物而已,推而至于无机物,亦各有分子之运动,外力之摄距,磁电之交通,与有机物之所谓心理作用,殆亦无以异也。然则无机物亦不得谓之无意识者。至于吾人认有无机物之意识,则又由多识而进于凡识矣,于是有凡识论。

凡识论 凡识论者,以万有各为实体,虽推之野马尘埃之微,苟可以入吾人感觉界者,即无不各有其心灵。唯心灵之能力,不能不认为有阶级之差别,例如下等动物,即其最简单之官能而推测之,其所得之印象,不能不暗昧;而其所窥之外界,不能不隘薄。至于植物,恐未必有外界之印象。而无机物尤然。其所谓意识者,不过混混沌沌之内界而已。

至于高等动物及人类,则其意识界,能以心理界之情状,陶铸物理界之情状。例如甲、乙二人,同见一几一书,此非徒由无识之以太,于无识之空间,介绍无识之物体,以成为印象也。乃皆受心理之作用,而并一几一书及一一以太,无不成为心灵之关系焉。

凡识论者,既具我识论之所长,而又于心理界之经验,无不一以贯之。彼于物理、心理两界之现象,既不若二元论之任其互相对待,又不若唯物论及实质唯识论之强名为相生,而又不若一元论之于二元论以上空设一统一之名号,诚理论之最明通者矣。

虽然,犹有未解决之问题焉。即自一方面观之,自人类以推至于拳石,层次井然,互相衔接,不能不认为自然界首尾完具之全体。于是随举一物,均不能不认为全体中之一分子,而谓其各有相当之意识。然自一方面观之,既以心理界属于一物体矣,而又谓其他物体,不存于前一物体之印象,而各有其一心理界,则又吾人心理所未易承认者也。

然则凡识论者,亦未敢遽认为完全之理论。唯使吾人于各派中,以缺点较少为选择之标准,则不得不推凡识论焉。

自我识论以至凡识论,皆以心灵之数量言之。然则其所谓心灵者,果为何等性质乎?自昔说心灵之性质者,有两说焉:固定说及动力说是。固定说者,以心灵为一种凝静之体,而一切心理之作用,如情感,如意志,如思想等,则为其各方面变易之性质若作用也;动力说者,以心灵为一种流动之势力,而一切心理之情状,即其自成系统之动作也。

夫以心理作用之复杂而迁流,而谓其出于一凝静之体,几非吾人所能想象。且按诸吾人之经验,心理界实无一非流动之状。例如即一俄顷间之思想，而求其变迁之所自，自甲而乙，自乙而丙，直不知其所届，于以知动力说之优于固定说也。

至于心灵最后之元素，则往昔哲学家多主智力论，自叔本华主张意志论，而近世哲学家多从之。

盖意志者，吾人最后之元素，而情感者常为表示意志之朕兆。至于知识，则为一种达意志所赴之之作用也。以生物学证之，高等动物，及未开化之人类，其意志力早已发展，而知识之程度甚浅，吾人幼稚之年亦然。证之植物，其体合生理之作用，不得不认为意志之良能，而未可谓之知识。至于地之绕日，月之绕地，以意志说之易了，而以知识说之则难通，此皆意志论优于智力论之证据也。

（二）世界全体之实在及性质

世界最后之元素，既如前章所述，然则此等元素所组成之全体，果为何等情状乎？是即易之所谓太极，老庄之所谓道，而西洋哲学家则谓之神。神之为义，包含至广，未开化之民族，以贪残之人格当之；希腊旧教，以活泼美好之人格当之。在犹太教，为创造万物之主；在基督教，为三位一体之义；在斯宾诺赛，则以为非人格者而为万有之原因；在费西脱，以为世界秩序之准乎道德者；在海该尔，以为太极之理性；在叔本华，则又以为无理解之第一意志。凡此种种差别之意义，舍神字则无以兼容而并包之（我国古语中，求其含玄学本义，而又兼人格与非人格二义者。亦唯神字）。

吾人既假名世界全体为神，则对于神之研究者，果有何等宗派乎？约而举之，有三：即无神论、有神论、及凡神论是也。

无神论 无神论者，仅以各各原子为实体，而无所谓全体之观念者也。夫无论最后之元子为物质，为意识，或为物识二元，或为超轶物识之一元，既已假定为实在，则元子与元子之间，不能不相互关系。既互相关系矣，如不能无最后之总关系，且既有互相关系之规则，即不能无统一之总规则，此在吾人意识中，不能不相因而至者。今日，吾人所研求者，至元子而止，至元子间之互相关系而止，其余非所问也。此必非吾人所能堪也。

有神论 与无神论对待者，为有神论。有神论者，谓世界以外，别有所谓神，而神即世界所从出也。于是以神为原因，而世界为其效果。虽然，果必有因，固也，而因亦有因，神为世界之原因，而独立于世界以外。然则神之原因果何在乎？说老曰：神者，自因自果者也。然则此世界者，亦何不可认为自因自果，而必别立一世界以外之神乎？

凡神论 于是有最简易之说，曰凡神论。以为神者，不在世界以外，而为世界最深最先之源泉，又即为其最高最后之鹄的。世界万有与神之关系，犹算学中合若干数而得一总数，犹化学中之合数原质而成一新物体也。而凡神论亦有二别：

其一，以神为包举全世界而无穷者。神之于万有，犹吾人躯体之于各各细胞也。如是，则其所包举之世界，不唯现在，而且互于已往及将来。然将来之世界，何以为现在之神所包举，将无贯彻终始之神，转而为与时进化之义。而万有与神之关系，乃若婴儿之于慈母，及一时期而为独立之发展耶？

且也，为此说者，不仅出于思索，而实本于经验。盖经验界，凡物之集合，由卑而高，例如物理界之吸集，化学界之化合，如植物、动物及人类之为有机体，又如家庭民族国家等种种之团体，是皆不特以分子隶属于团体，而又以较简较卑之团体，隶属于较复较高之团体，而为其分子。然则由是而进步，其统万有而为一最高之团体。而其中分子，自无机物以至于人类，各循其固有之性质，而辐辏其中，宜若可推而知之。虽然，吾人由今之世界，而推想其进步之状况，谓他日当有一种超越人类之动物，其与人类之比例，犹今人之于动物然，于是其所构造之社会，亦较今之社会为较高，且由是而达于最高之一境，固未为不可。而以经验界之事实推之，则有不敢质言者。何则？使此大地之温度，以渐而降，而至于极寒，恐昔之由无机物而进化以至于人类者，他日即有较高之进步，而终不免有退步之一日，且由是而退至无机世界之一日也。且日体亦不能无热度渐减而达于毁灭之一日，如是，则又将别成一新世界。而所谓新世界者，亦有成必有毁，有进化必有退化；而所谓世运者，唯终古流转于高下循环之中；而所谓最高之统一，其又奚从而经验之耶？

于是有第二派之凡神论，谓神者，非包举世界之谓，亦非世界进化极度之谓，而永永为万有根原之谓。神者，非万有之圆周线，而万有之中心点也。是说也，又有以其说之涉于惝恍而短之者。于以见吾人之知见，到此时期，对于神与世界之关系，所以说明之者愈精深，则愈滋疑窦，有如是者。

第四编　价值论

哲学者，知识之学也。其接近于实行者，为价值论。价值论者，举世间一切价值而评其最后之总关系者也，其归宿之点在道德，而宗教思想与美学观念亦隶之。

（一）价值通论

何谓价值？不外乎于意识中悬一种之鹄的，而欲有以达之。事物之与意志及情感无关者，即无所谓价值。例如千金之券，谓之有价值者，以其可以购种种可爱之物也。苟其人既不爱钱，亦不购物，则虽有千金之券，与废纸无异。何则？其所有者，形耳，色耳，重量耳，玄学中所谓物质原素或所谓心灵原素之集合体耳，而其所以构成价值之原素则已失之。又如谓某甲有价值者，亦谓其人有利物之道德心，而为他人所利用耳。苟举其利物之道德心而去之，则虽形体犹是，能力犹是，而其对于他人之价值已不复存。然则事物之价值，无不由主观之意志而发生，明也。

价值之互相关系亦然，例如吾人求一身之康强，则不可不宜其饮食，时其起居。身之康强，果也；饮食起居之宜与时，因也。求其果不可不先求其因，是果为鹄的而因为作用，果为最高之价值而因为较卑之价值也。又如吾人或同时有两种鹄的，而二者不可得兼，不能不舍一而取一，于是意识中有竞争。两者之间，有久暂或强弱之殊，而胜负由是决焉。孟子曰"鱼我所欲，熊掌亦我所欲，二者不可得兼，舍鱼而取熊掌；生我所欲，义我所欲，二者不可得兼，舍生而取义。"是即同有价值之事物，而因其高卑之比较以定取舍者也。虽然，人之所见，不必尽同，有在此见为鹄的而在彼见为作用者，有在此见为作用而在彼见为鹄的者，有在此为所取而在彼为所舍者，有在此为所舍而在彼为所取者。故价值高卑之比较，不仅

在客观，而尤在主观。

　　以上皆为相对之价值言之也。为问一切价值以上，果有绝对之价值，不受一切主观之影响，而于人人为同等者乎？曰：宜若有之。虽然，其确定之内容，则未有能质言之者。昔之哲学家，盖尝试之矣，曰：人类最终之鹄的，在快乐；曰：在幸福；曰：在生存；曰：在威权。此四说者，非不各持之有故而言之成理也。然而其所以判断之者，乃据大多数人之行为而求其效果之所在，故曰，在是在是，非自各人价值之意识中，实得有普通之证明也。墨翟之教，生勤而死薄，使人忧，使人悲，使后世墨者日夜不休，以自苦为极，果认有快乐之价值乎？豫让为智伯复雠，至于漆身吞炭，戴就为成公浮辨诬，虽被幽囚考掠，五毒备至而不变，果认有幸福之价值乎？士可杀而不可辱，志士仁人，无求生以害仁，有杀身以成仁，果认有生存之价值乎？儒家者流，有若无，实若虚，犯而不校。道家之言曰，柔弱胜刚强，果认有威权之价值乎？然则兹四说也，亦仅为思想家所假定之心理而已。

　　且也，吾人即使最后之鹄的，假定为大同，而所以达之道，亦复不能一致。如同一求快乐也，或曰："与年少辈数十骑，射獐数肋，渴饮其血，饥食其胃，此乐使人忘死。"或曰："饭疏食，曲肱而枕之，乐亦在其中。"同一求威权也，或曰："仕宦当为执金吾"，或则纵观皇帝曰："大丈夫当如是也。"或则曰："士贵耳，王者不贵。"或则曰："匹夫而为百世师，一言而为天下法。"其他求幸福求生存之道，各各不同，亦复类是。然则不特最高之价值也，即以次递降之价值，亦岂易为定评与？

　　客观界价值之总纲，其无定评也如此。其在主观则何如乎？夫主观界之价值，即意识中各种欲望之竞争，优胜而劣败，其最后者占最高之价值是已。其优劣之标准，不外乎两种形式：一、人类以外之主宰者，如宗教家所谓上帝十戒是；二、吾人良心之命令，即所谓道德之意志是也。唯是上帝十戒，非科学所能承认，即曰有之，亦有待于良心之认可。则主观界价值之标准，不外乎良心之命令也。夫所谓良心之命令者，非人人意识中皆昭然若揭日月而行也，有于欲念纷乘之中，仅矅然露一线之光者，能把握之以凌驾其他副贰之意识始能明了，一而再，再而三，以至于什百，于是习惯成自然，而不知不觉之间，所然所否，自然吻合于良心之命令，而无所容其勉强，此良心进化之历史，普通人所公认也。然一叩以何者为一切良心之所同然，而何者为其所同否，则因种族地域时会之不同，而所认者不能一致。例如，或以复仇为第一义，而或主以德报怨，或以方严为美德，而或主柔和之属，是也。

于是价值论之研究，所可认为普遍者，唯有形式。在客观界，以最后鹄的为最高价值，而其他达此鹄的之作用，则视其远近于大鹄的以为差；在主观界，则良心之命令，由有意识而进于无意识，是也。至其内容，则今日尚为一研究之问题，而未能质言之。

（二）道德

价值论之实现者为道德论。夫道德界中所谓最高之价值者果何在乎？自昔治道德哲学者，不外二法：一曰演绎法，假定一最后之鹄的，为最高之价值，乃据以标准各种之行为，以其有无关系于最高鹄的，为有无价值之判断。又以其关系于最高鹄的之远近，为价值高卑之差，是也；一曰归纳法，先由普通人对于各种行为之判断，而求其理由，以为各各之鹄的，乃由此等各各鹄的，而求其最后之理由，以为最大之鹄的，是也。夫归纳法之视演绎法为切实，所不待言，然吾人之经验，既有制限，则所归纳者无自而完全，而其最后之结论，亦仍不外乎假定，然则道德哲学所证明为最后之鹄的者，皆假定义也。而循其进化之序以言之，则略有三种：一曰属于小己者；二曰属于社会者；三曰属于人道主义者。

属于小己之鹄的，其始曰自存，谓一切行为，皆以有裨于小己之生存者为有价值也。然仅仅生存而已，一切困苦颠连之境，有非人类所能堪者，于是谓行为之价值，不徒在谋小己之生存，而尤在图其幸福。幸福者，不唯在体魄之享受，而尤在精神之快乐，是为自利。虽然，仅仅谋现在之所谓幸福，而未达于具足之生活，犹以为未足，于是谋体魄及精神之进步，以求达于具足生活之境，是谓自成。凡是等属于小己之鹄的，在道德哲学家之判断，有认为最高之价值，而排斥一切利物之行为者，如梭斐斯替克及尼采等，专以我之小己为鹄的者，世多以不道德之主义目之。有借是以说明利物主义之缘起者，谓人己之关系，互为因果，非利物不能达利己之鹄，一也；谓小己皆有同情之感，非利物则小己精神之快乐为之不完，二也。于是其所谓价值者，虽不以我之小己为限，而既发端于小己之

鹄的，则其所谓利物者，亦不能不以人人之小己为对象，固无疑矣。

夫使我之小己，不足以为最后之鹄的，则他人之小己，何独不然。且也，使一一小己，不足为最高之价值，则虽积大多数之小己，而其不足为最高之价值如故。例如数学中，积大多数之〇，其价值不能大于一〇也。然则此类之利物论者，仍不能不以我之小己之价值为前提，而其利物论，乃不过利己论之扩充者耳。

纯粹之利物主义，则以利物主义为本于天性，初非由利己主义而演出。于是有摈斥利己主义，谓绝无道德之价值者，如叔本华是也。然多数之利物论者，则多调和于己、物之间，以为小己之幸福，即在社会幸福之中，初不必特揭为鹄的。又如有一事焉，物我之幸福互相冲突，则恒以舍我为人者为道德。善利物论之道德，常兼主观、客观两条件而规定之。在主观界，衡以人格之特性，如贫者因不忍其邻之冻馁，而推食解衣以济之，视富人之捐助巨金为较占道德之价值，是也。其在客观界，则视其行为之效果，所及愈广，则价值愈高，是也。

属于社会之价值，亦得别为公众之幸福，及公众之进化二者，而二者又互相为关系。盖社会之状态，莫不幸于停滞而不进，而文化之进步，即普遍之幸福所由增殖也。故社会之作用，不外乎悬一幸福之鹄的，而以其集合之意志，趋此唯一之方向，而悉力以达之，范围愈推广，小己意志同化于公共意志之意识愈明了，则道德界之价值愈高。唯小己之幸福，非必绝对牺牲之，或有附属之价值，或具作用之价值，其保存之之范围，亦愈广而愈善，特不以为最后之鹄的，如利己主义云耳。大抵社会之范围愈大，则其全体之意志，顾虑所及，益益超过于小己之外。其究也，至有索其与小己幸福之关系而无从说明者。例如家庭者，最小之社会也，与小己之关系，至为密切。然吾人所以为子孙幸福计者，虽至明了，而曾、玄以降，即不免漠然。其他较大之社会，所规划者，不仅在吾人生存时期或将来之一二世而止。社会之中，较为规划远大者，在今世莫如国家。国家者，常得超现在而计将来。为将来之国家计，虽牺牲现在国民多数之权利以经营之，亦所不惜，此吾人所公认也。即吾人之感情，亦常以是为比例。有一消息也，谓吾人之子孙，数传以后，将受若何之灾厄，虽其说至确，而所以激刺吾人者，恒不甚剧。若曰，一、二百年后，吾人之国家，将即于危亡，则不能不为之战栗。故国家之计划，常在数百年以外，然使远而又远,为之谋数千载之生存,则将以渐而入于惝恍迷离之境。然则社会之生命,在吾人意识中,仍不能不有制限也。

然则吾人所超越小己之鹄的而嬗于社会者,以为小己之意识,局于一时,不若社会之久远。以社会为道德行为之鹄的,而吾人行为之效果,乃不至俄焉消灭焉。虽然,社会之意识,亦不能不有界域,则道德行为之效果,仍不能不有一种消灭时期之意识,此又非吾人所能满意也,于是进而为人道主义之鹄的。人道主义之狭义,为人类全体,其广义则以凡识论为标准,自动物而植物,以至于无机物,凡认为有识者,皆有相关之休戚。如是,则一切小己,虽推之无涯之远,无穷之久,而无不包括于此主义之中。吾人道德之行为,以是为鹄的,则庶乎所致力者,永永无消歇之顾虑矣。虽然,此主义者,吾人尚止能以情感迎合之,而不能以概念把握之,于是吾人所注定之鹄的,仍不过较近于最后鹄的之作用,而尚非最后之大鹄的也。

夫以无涯无穷之久远,而以其中至小至夭之小己衡之,其犹滴水之在大海,尚何价值之可言。虽然,认有最大之鹄的,而躬行道德以赴之者,要不外乎各各之小己。然则小己者,以其主观之幸福言之,无所谓价值,以其对于客观之责任言之,则对于最大之鹄的,而自有一种相当之价值。吾人试以历史证明之,其中贤者,其本体之幸福,及其同时人之幸福,至于今日,已成陈迹,而其致力于世界进化之事业,则与世长存。于以知自存、自利之价值,皆不免随历史而消亡。唯自成主义,则与人道主义之鹄的,相为关系焉。

夫人道主义,既为全世界共同之关系,则所以达此鹄的者,不能不合全世界而共同经营之。唯是人类所具之道德心,与其所处之地位,常不能一致。稽之历史,其注目于人道主义之鹄的,而直接尽其达此鹄的之义务者,常旷世而一遇。而其他旨趣有远近,能力有大小,其所成立,常为间接之作用,而其有相当之价值,则一焉。

(三) 宗教思想

道德与宗教,有密切之关系,无论何种民族,当开化之始,其道德条件,恒隶属于宗教之中。所谓道德律者,不外乎神之命令,何谓道德,神

之所许故也；何谓不道德，神之所戒故也。而尤以敬神为最高之道德。宗教家流传之经典，非本于神，即本于神之代表，当为唯一之信仰，不特不容反对，而亦无所容其拟议。

自人智进步，科学成立，凡宗教家世界创造天象示警诸说，既有以证明其不然，而研究道德学及宗教学者，既博稽于人类之异同，历史之沿革，见夫道德之条件，往往因时地而不同，而宗教家恒各以其习惯为神律，党同伐异，甚至为炮烙之刑，启神圣之战，大背其爱人如己之教义而不顾，于是宗教之信用，以渐减损，而思想之自由，又非复旧日宗教之所能遏抑，而反对宗教之端启矣。

夫反对宗教者，仅反对其所含之劣点，抑并其根本思想而反对之乎？在反对者之意，固对于根本思想而发。虽然，宗教之根本思想，为信仰心，吾人果能举信仰心而绝对排斥之乎？反对宗教之主义，非即其信仰心之所属乎？尼采者，近世之以反对宗教著，而昌言"神死"者也。其所主张之"意志趋于威权"说，非即其所信仰，而且望他人之信仰者乎？独非尼采与其徒之宗教思想乎？

以宗教之历史考之，其根本思想，初无所谓变迁，而其范围，则不能不随时而减缩。当其始也，举一切天然之秩序，人事之规约，悉纳于其中。及自然科学以渐发展，则凡宗教中假定之理论，关于自然界者，悉为之摧败，而一切可以割弃。又如政治教育之类，在文明之国，皆次第由宗教而脱离。而道德一门，素为宗教之中坚者，亦得以伦理学研究之，苟归纳所得，差近于人心之所同然，即得假定为道德之本义，而亦将无待乎宗教。过此以往，凡人事之附丽于宗教者，亦将次第割弃。而宗教之仪式，在今日已为明哲之士所诟笑者，其被淘汰，益无待言。然则最后之宗教，其所含者，仅有玄学中最高之主旨，所谓超生死而绝经验者，其研究一方面，谓之玄学；其信仰一方面，则谓之宗教云尔。

最初之宗教，范围太广，所含之神话及仪式及习俗，既随地域及民族之不同，而不能相通，则宗教之派别，不能不繁。苟其有排弃杂因独标真谛之一日，则将渐趋于大同。夫多神教之领域，渐归于一神教，事实已成。一神教之领域，渐趋于凡神教，在今日亦已见端。欧美通行之退阿索斐会，融合古今各大宗教之精义，而悉摒去其仪式，以文学美术之涵养，代旧教之祈祷，其诸将来宗教之畴范与。

（四）美学观念

美学观念者，基本于快与不快之感，与科学之属于知见、道德之发于意志者，相为对待。科学在乎探究，故论理学之判断，所以别真伪；道德在乎执行，故伦理学之判断，所以别善恶；美感在乎赏鉴，故美学之判断，所以别美丑，是吾人意识发展之各方面也。人类开化之始，常以美术品为巫祝之器具，或以供激情导欲之用。文化渐进，则择其雅驯者，以为教育，如我国唐、虞之典乐，希腊之美育，是也。其紬绎纯粹美感之真相，发挥美学判断之关系者，始于近世哲学家，而尤以康德为最著。

康德立美感之界说，一曰超脱，谓全无利益之关系也；二曰普遍，谓人心所同然也；三曰有则，谓无鹄的之可指，而自有其赴之作用也；四曰必然，谓人性所固有，而无待乎外铄也。夫人类共同之鹄的，为今日所堪公认者，不外乎人道主义，既如前节所述。而人道主义之最大阻力，为专己性。美感之超脱而普遍，则专己性之良药也。且美感者，不独对于妙丽之美而已。又有所谓刚大之美：感于至大，则计量之技无所施；感于至刚，则抵抗之力失其效。故赏鉴之始，几若与美感相冲突，而心领神会，渐觉其不能计量不能抵抗之小己，益小益弱，浸遁于意识之外，而所谓我相者，乃即此至大至刚之本体，于是乎有无量之快感焉。

康德之所以说美感者，大略如是，而其所主张者，为纯粹形式论，又以主观之价值为限。虽然，自美感进化之事实言之，其形式之渐进而复杂，常与内容相因，且准诸美术家之所创造，与审美者之所评鉴，则客观之价值，亦有未容蔑视者。于是继之而起者，为隐性论及观念论。隐性论者，以美学之对象，初无异于论理，特其程度较低，所谓理性者，尚不能构为明晰之概念，而隐蔽于感观界之直观者也。观念论者，以美学之内容，不外乎柏拉图哲学之所谓观念者也。夫论理之概念，固以直观为其本，而美感则既托体于直观，而自为复杂之进化，与概念为对待。概念之于实物也，常分析其现象之分子而类比之，美感则举其表象之全体而示现之，两者互相为补充，而决无先后阶级之可言。至于以观念说美学之对象，其义较隐性为长，盖所谓美术家者，常不在实物生活之模仿，而在以其生活表象摄入于创造者之观念。故以观念之义，应用于一切美感之对

象，非不当也。而一涉柏拉图之所谓观念，则层递而上，乃渐远于具体之生活，而与美学之事实相违。故最近哲学家，又以具体想象限界之。具体想象者，本种种具体之生活，以行其想象之作用，而形为观念者也。具体生活之形式，最为复杂，又常随历史而进化，以是为美学观念之内容，则于其复杂而进化之故，思过半矣。

且学者之说美学也，或归之于感觉，或隶之于论理，或又纳之于道德若宗教，非以此数者皆与美感结不解之缘故耶？夫美感既为具体生活之表示，而所谓感觉论理道德宗教之属，均占有生活内容之一部，则其错综于美感之内容，亦固其所，而美学观念，初不以是而失其独立之价值也。

意志论之所诏示，吾人生活，实以道德为中坚，而道德之究竟，乃为宗教思想。其进化之迹，实皆参互于科学之概念，哲学之理想。概念也，理想也，皆毗于抽象者也。而美学观念，以具体者济之，使吾人意识中，有所谓宁静之人生观，而不至疲于奔命，是谓美学观念唯一之价值，而所由与道德宗教，同为价值论中重要之问题也。

译语志要

以首字画数为序，其首字画数同者，以其名词第一次见于本书之先后为序。

一画

一元论 Monismus.

二画

人学 Anthropologie.
二元论 Dualismus.（Neutralismus）

三画

凡识论 Panpsychismus.（Allbeseelung）

凡神论 Pantheismus.

四画

方法之学 Methodenlehre.

五画

尼采 Nietzsche.
玄学 Metaphysik.
生物学 Biologie.
本体论 Wirklichkeitsproblem.

六画

伏尔费 Wolff.
自然哲学 Naturphilosophie.
宇宙论 Kosmologic.
多识论 Polypsychismus. （Vielbeseelung）
有神论 Theismus.

七画

贝耐克 Beneke.
贝克来 Berkeley.
克罗素 Krosus.
沙拉斯替克 Scholastik.
我识论 Monopsychismus. （Theoretische Egoismus）
系统之学 Genetische Wissenchaft.

八画

拉布尼支 Leibniz.

叔本华 Schopenhauer.

波爱尔 Boyle.

知识之学 Erkenntnislehre.

法律哲学 Rechtsphilosophie.

宗教哲学 Religionsphilosophie.

固定说 Selbstandig – Beharrliches.

具体想象 Konkreten Phantasietätigkeit.

九画

柏拉图 Plato.

洛克 Locke.

奈端 Nowton.

郎革 Lange.

律贯之学 Systematische Wissenschaft.

美学 Aesthetik.

十画

海罗陀 Herodot.

海该尔 Hegel.

栗丕斯 Lipps.

特嘉尔 Descartes.

原理之学 Prinzipienlehre.

伦理学 Ethik.

哲学史 Geschichte der Philosophie.

退阿索斐 Theosophie.

十一画

梭伦 Solon.

梭斐斯替克 Sophistik.

康德 Kant.
培根 Bacon.
现象之学 Phänomenologische Wissenschaft.
唯物论 Materialismus.
动力说 Aktualitätstheorie.

十二画

斐罗索斐 Philosophie.
雅里士多德 Aristoteles.
费希脱 Fichte.
斯宾傩赛 Spinoza.
斯多噶 Stoiker.
斯拉玛海 Schleiermacher.
疏证哲学 Aufklärungsphilosophie.
智力论 Intellektualismus.
无神论 Atheismus.

十三画

爱璧古尔 Epikureer.
福尔泰 Voltaire.

大战与哲学
——在北大"国际研究"演讲会上的演说词

（一九一八年十月十八日）

现在欧洲的大战争，是法国革命后世界上最大的事。考法国革命，很受卢梭、伏尔泰、孟德斯鸠诸氏学说的影响。但这等学说，都是主张自由、平等，替平民争气的；在贵族一方面，全仗向来占踞的地盘，并没有何等学理可替他辨〔辩〕护了。现今欧战是国与国的战争。每一国有他特别的政策，便有他特别相关的学说。我今举三种学说作代表，并且用三方面的政策来证明他。

第一是尼采（Nietzsche）的强权主义，用德国的政策证明他。第二是托尔斯泰（Tolstoy）的无抵抗主义，用俄国过激派政策证明他。第三是克罗巴金（Kropotkin）的互助主义，用协商国政策证明他。考尼氏、托氏、克氏的学说，都是无政府主义，现在却为各国政府所利用。这是过渡时代的现象呵！

古今学者，没有不把克己爱人当美德的。希腊时代的诡辨〔辩〕派，虽对于普通人的道德，有怀疑的论调，但也是消极的批评罢了。到一千八百四十五年，有一德国人约翰加派斯密德（Johon Karpor Cchmidt）发行一书叫作《个人与他的所有》（Der Emjige und seiuu Eigentun），专说："利己论"。他说："我的就是善的，'我'就是我的善物。善呵，恶呵，与我有什么相干？神的是神的，人类的是人类的。要是我的，就不是神的，也不是人类的。也没有什么真的，苦〔善〕的，正义的，自由的，就是我的。那就不是普通的，是单独的。"他又说："于我是正的，就是正。我以外没有什么正的。就是于别人觉得有点不很正的，那是别人应注意的事，于我何干？设有一事，于全世界算是不正的，但于我是正的，因是我所欲的，那就我也不去问那全世界了。"这真是大胆的判断呵！

到了十九世纪的后半纪，尼采始渐渐发布他个性强权论，有《察拉都斯遗语》（Also sprach Zarathustra）、《善恶的那一面》（Jenseits von gut und Dose）、《意志向着威权》（Der wille zur macht）等著作。他把人类行为分作两类：凡阴柔的，如谦逊、怜爱等，都叫作奴隶的道德；凡阳刚的，如勇敢、矜贵、活泼等，都叫作主人的道德。他最反对的是怜爱小弱，所以说："怜爱是大愚"，"上帝死了，因为他怜爱人，所以死了。"他的理论，以为进化的例，在乎汰弱留强。强的中间，有更强的，也被淘汰。逐层淘汰，便能进步。若强的要保护弱的，弱的就分了强的生活力，强的便变了弱的。弱的愈多，强的愈少，便渐渐的退化了。所以他提出"超人"的名目。又举出模范的人物，如雅典的亚尔西巴德（Alcibiades）、罗马的该撒（Caesar）、意大利的该撒波尔惹亚（Cesare borgia）德国的鞠台（Goethe）与毕斯麦克（Bismarch）。他又说：此等超人，必在主人的民族中发生，这是属于亚利安人种的。他所说的超人，既然是强中的强，所以主张奋斗。他说："没有工作，止有战斗；没有和平，止有胜利。"他的世界观，所以完全是个意志，又完全是个向着威权的意志。所以他说："没有法律，没有秩序。"他的主义是贵族的，不是平民的，所以为德国贵族的政府所利用，实做军国主义。又大唱"德意志超越一切"（Deutsche uber alles），就是超人的主义。侵略比利时，勒索巨款；杀戮妇女，防他生育；断男儿的左手，防他执军器；于退兵时拨尽地力，焚毁村落，叫他不易恢复。就是不怜爱的主义。条约就是废纸，便是没有法律的主义。统观战争时代的德国政策，几没有不与尼氏学说相应的。不过尼氏不信上帝，德皇乃常常说"上帝在我们"，又说"上帝应罚英国"。小小的不同罢了。

与尼氏极端相反的哲学，便是托氏。托氏是笃信基督教的，但是基督教的仪式，完全不要，单提倡那精神不灭的主义。他编有《福音简说》十二章，把基督教所说五戒反复说明。第一是绝对不许杀人；第四是受人侮时，不许效尤报复；第五是博爱人类，没有国界与种界。他的意思，以为人侮我，不过侮及我的肉体，并没有侮及我的精神，但他的精神是受了侮人的污点，我很怜惜他罢了。若是我用着用眼报眼、用手报手的手段去对付他，是我不但不能洗刷他的精神，反把我自己的精神也污蔑了。所以有

一条说:"有人侮你,你就自己劝他;劝了不听,你就请两三个人同劝他;劝了又不听,就再请公众劝他;劝了又不听,你只好恕他了。"这是何等宽容呵!《新约福音》书中曾说道:"有人掌你右颊,你就把左颊向著他。有人夺你外衣,你就把里衣给他。"这几句话,有"成人之恶"的嫌疑,所以托氏没有采入《简说》中。

托氏抱定这个主义,所以绝对的反对战争。不但反对侵略的战,并且反对防御的战。所以他绝对的劝人不要当兵。他曾与中国一个保守派学者通讯,大意说:中国人忍耐的许久了,忽然要学欧洲人的暴行,实在可惜,云云。所以照托氏的眼光看来,此次大战争,不但德国人不是,便是比、法、俄、英等国人,也都没有是处。托氏的主义,在欧洲流行颇广,俄境尤甚。过激派首领列宁(Lenine)等本来是抱共产主义,与托氏相同,自然也抱无抵抗主义,所以与德人单独讲和,不愿与协商国共同作战了。在协商国方面的人,恨他背约。在俄国他党的人,恨他不爱国。所以诋他为德探。但列宁意中,本没有国界,本不能责他爱国。至于他受德国人的利用,他也知道。他曾说:"军事上虽为德人所胜,主义上终胜德人。"就是说,他的主义既在俄国实演,德国人必不能不受影响。这是他的真心话。但我想,托氏的主义,专为个人自由行动而设。若一国的人,信仰不同,有权的人把国家当作个人去试他的主义,这与托氏本义冲突。过激派实是误用托氏主义;后来又用兵力来压制异党,乃更犯了托氏所反复说明之第一、第四两戒了。

现在误用托氏主义的俄人失败了;专用尼氏主义的德人也要失败了;最后的胜利,就在协商国。协商国所用的,就是克氏的互助主义。互助主义,是进化论的一条公例。在达尔文的进化论中,本兼有竞存与互助两条假定义。但他所列的证据,是竞存一方面较多。继达氏的学者,遂多说互竞的必要。如前举尼氏的学说,就是专以互竞为进化条件的。一千八百八十年顷,俄国圣彼得堡著名动物学教授开勒氏(kesster)于俄国自然科学讨论会提出"互助法",以为自然法中,久存与进步,并不在互竞而实在互助。从此以后,爱斯彼奈(Espinas)、赖耐桑(L. L. Lanessan)、布斯耐(Lovis Buchner)、沙克尔(Huxley)、德普蒙(Henry Drummond)、苏退隆(Sutherland)诸氏,都有著作,可以证明互助的公例。

克氏集众说的大成,又加以自己历史的研究,于一千八百九十年公布动物的互助，于九十一年公布野蛮人的互助，九十二年公布未开化人的互助，九十四年公布中古时代自治都市之互助，九十六年公布新时代之互助，于一千九百零二年成书。于动物中，列举昆虫鸟兽等互助的证据。此后各章，从野蛮人到文明人，列举各种互助的证据。于最后一章，列举同盟罢工、公社、慈善事业，种种实例，较之其他进化学家所举"互竞"的实例，更为繁密了。在克氏本是无政府党，于国家主义，本非绝对赞同，但互助的公例，并非不可应用于国际。欧战开始，法、比等国，平日抱反对军备主义的，都愿服兵役以御德人。克氏亦尝宣言，主张以群力打破德国的军国主义。后来德国运动俄、法等国单独讲和，克氏又与他的同志、叫作"开明的无政府党"的联合宣言，主张打破德国的军国主义，不可讲和。可见克氏的互助主义，主张联合众弱，抵抗强权，叫强的永不能凌弱的，不但人与人如是，即国与国亦如是了。现今欧战的结果，就给互助主义增了最大的证据。德国四十年中，扩张军备，广布间谍，他的侵略政策，本人人皆知的了。且英、法等国，均自知单独与德国开战，必难幸胜，所以早有英、法协商，俄、法协商等预备，就是互助的基本。到开战时，德国首先破坏比国的中立。那时比国要是用托氏的无抵抗主义，竟让德兵过去攻击法国，英、法等国，难免措手不及了。幸而比国竟敢兴〔与〕德国抵抗，使英、法等国，有从容预备的时期。俄国从奥国与东普鲁士方面竭力进攻，给德国不能用全力攻法。这就是互助的起点。后来俄国与德国单独讲和，更有美国加入，输军队，输粮食，东亚方面，有日本舰队巡弋海面，有中国工人到法国助制军火。靠这些互助的事实，总能把德人的军国主义逐渐打破。现在，德人已经承认美总统所提议的十四条，又允撤退比、法境内的军队。互助主义的成效，已经彰明较著了。此次平和以后，各国必能减杀军备，自由贸易，把一切互竞的准备撤销，将合全世界实行互助的主义。克氏当尚能目睹的。

照此看来，欧战的结果，就使我们对于尼氏、托氏、克氏三种哲学，狠〔很〕容易辨别了。我国旧哲学中，与尼氏相类的，止有《列子》的《杨朱》篇，但并非杨氏"为我"的本意（拙作《中国伦理学史》中曾辨过的）。托氏主义，道家、儒家均有道及的，如曾子说"犯而不校"，孟子说的三"自反"，老子说的"三宝"，是很相近的。人人都说我们民族的积弱，都是中了这种学说毒，也是"持之有故"。我们尚不到全体信仰精神

世界的程度，止可用"各尊所闻"之例罢了。至于互助的条件，如孟子说的"多助之至，天下顺之。寡助之至，亲戚畔之。""不通功易事，则农有余粟，女有余布"。普通人常说的"家不和，被邻欺""群策群力，众擎易举"都是很对的。此后就望大家照这主义进行，自不愁不进化了。

哲学与科学

(一九一九年一月)

哲学与科学，同为有系统之学说。其所异者，科学偏重归纳法，故亦谓之自下而上之学；哲学偏重演绎法，故亦谓之自上而下之学。古代演绎法盛行之时，但有哲学之名；今之所谓科学者，悉包于哲学之中焉。

盖人智之萌芽，本为神话，拜物之习，拟人之神，雷公电母，迎虎祭猫，皆自然科学之对象也。世界原始之谈，人类生死之解，中国之盘古及感生帝，印度之梵天及轮回说，《旧约》之《上帝创造世界记》，皆哲学之对象也。然以偏于科学对象者为多。本此等神话而组成不完全之系统，引以切近人事，于是有宗教。中国之丧祭等礼，印度之婆罗门，波斯之火教，犹太人之《旧约》皆是也。其理论亦大抵包有近世科学之对象，而关于哲学者为多。其后人类又迫于科学思想之冲动，不餍于此等独断之宗教，乃各以观察所得者立说，是为哲学之始。如中国之八卦说、五行说，印度之六派哲学（数论胜论等），希腊之宇宙论，皆毗于自然界之独断论也。及其说为时人所厌，而怀疑派之哲学，继之而起，于是有中国之少正卯一流。（《荀子·宥坐》篇："孔子曰：人有恶者五，而盗窃不与焉：一曰，心达而险；二曰，行辟而坚；三曰，言伪而辩；四曰，记丑而博；五曰，顺非而泽；少正卯兼有之，故居处足以聚徒成众；言谈足以饰邪营众；强足以非是独立。此小人之桀雄也"。正与希腊诡辩派相类。）印度之六师外道，希腊之诡辩派；此等怀疑之论，不足以久维人心，于是有道德论之哲学继之。如中国之孔子，印度之佛，希腊之苏革拉底是也。佛氏以宗教之形式，阐揭玄学；其后循此发展，永为宗教性之哲学，遂与科学无何等之关系。孔子之后有庄子，苏革拉底之后有柏拉图，皆偏于玄学者

也。孔子同时有墨子，苏革拉底之后有雅里士多德，则皆兼治科学者也。庄子之哲学，为神仙家所依托，而有道教；柏拉图之哲学，为基督教所攀缘，而立新柏拉图派，则又由哲学而转为宗教矣。中国墨学中绝，故以后科学永不发展；而宗〔崇〕仰孔子之儒家，自汉以来，不能出烦琐哲学之范围。西洋之宗教，引雅里士多德学派以自振，故中古之烦琐哲学，虽为人智之障碍，而科学之脉未绝。及文艺中兴以后，思想界以渐革新，自然科学，次第成立。于是哲学与科学之关系，缘之而起焉。

其在古代，所谓哲学者，常兼今日之所谓科学而言之。如柏拉图分哲学为三大类：一曰辨学，二曰物理，三曰伦理，而以辨学为纲。雅里士多德则分哲学为理论、实际二大类，其属于理论者，为分析术（论理学）、玄学、数学、物理学、心理学；其属于实际者，为伦理学、政治学、辨论学、诗学。此等观念，至近世哲学家，如培根、特嘉尔辈，亦尚仍之。培根分学术为三大类：一曰记忆之学，史学是也；二曰想象之学，诗学是也；三曰思想之学，哲学是也。哲学之中，分为自然宗教学、宇宙论、人类学三纲。于宇宙论中，分为自然学（物理）及自然鹄的论（玄学）二门。又于自然学中，分为自然记述学（具体的物理学）及自然说明学（抽象的物理学，即物理学及化学）。其于人类学中，分为各人及社会二纲。属于各人者，为生理学（其应用为医学）及心理学（包论理学及伦理学）；其属于社会者，为政治学。特嘉尔著《哲学纲要》一书，其第一编为认识论及玄学之概论，第二编为机械的物理学要旨，第三编为宇宙论，第四编为物理学、化学、生理学之说明。说者谓等于学术丛编焉。而特嘉尔自序谓哲学即人类知识之综合，其主要者：（一）玄学，（二）物理学，（三）机械的科学，包有医学、机械学及伦理学云，皆以哲学之名包一切科学也。

又有以哲学与科学为同义者，如霍布斯分哲学为三部分：曰物理学，曰人类学，曰政治学。又谓不属于哲学者，为神学及历史（自然史及政治学）。何也？以其非科学也。洛克分哲学为二部：一曰物理（亦谓之自然哲学）；二曰应用（如伦理学，论理学等）。一千六百九十六年，英国著名算学家韦里斯（Wallis）于皇家科学会成立式演说曰：本会者，超乎宗教及政治之外，而专为哲学之研究者也。研究之对象：曰物理学，曰解剖术，曰形学，曰天文，曰航海术，曰统计学，曰磁学，曰化学，曰机械学，曰实验之自然科学。我等所讨论者，曰血之流行，曰静脉，曰哥白尼学说，曰彗星及新星之性质，曰木星之卫星，曰远镜之改良，曰空气之重量，曰真空之能否。要之，所谓一切新哲学者，皆包之而已。曰科学，曰哲学，曰新哲学，初未为界别也。伏尔弗（Wolff）者，于十八世纪中，组织通俗哲学者也，分哲学为三部；曰自然神学，曰心理学，曰物理学，此模范科学也，为第一部；曰论理学，曰与心理学相应之实用哲学，曰与物理学相应之机械学，为第二部；曰本体学，为综合一切现象而考定之科学，为第三部。是亦以哲学包科学者也。至康德作《纯粹理性批判》，别人之认识为先天、后天二类：先天者，出于固有，后天者，本于经验；前者为感想，而后者为分析法；前者构成玄学（即哲学），而后者构成科学。于是哲学与科学，始有画然之界限。

然由是而康德以后之理想派哲学家，遂有排斥科学之说。如菲屑脱云："哲学者，不必顾何等经验，而纯然从事于先天之认识者也。"赛零则又进一步，谓"自然学研究者之方法，盲者也，无理想者也，故哲学破坏于培根；而科学则破坏于波埃尔（Boyle）及牛顿"。至于海该尔为悬想派哲学之完成者，则以科学为不外乎各种零碎知识之集合；而实在之知识，唯有哲学耳。既有此排斥科学之哲学家，而科学发展以后，遂有排斥哲学之科学家。大率谓哲学者，严格言之，本不得为科学，是乃一种之诡辩术，据一种官能或理性之现象以说明一切事物；或为一种之魔术，以深晦之神意，杂入最普遍之概念而宣布之。要皆以震骇庸俗已耳！凡此等互相菲薄之言，其非真理，可不待言。唯有一种事实，不可不注意者：则自科学发展以后，哲学之范围，以渐减缩是也。

自十六世纪以后，学术界之观念，渐与中古时代不同。其最著者：（一）培根于论理学极力提倡归纳法，因得凌驾雅里士多德之演绎法，而凡事基础于实地之观察；（二）自一千五百九十年，发明显微镜，一千六百零九年，发明远镜，其后寒暑风雨电气等表，次第发明，而实验之具渐备；（三）分工之理大明，渐由博综之哲学，而趋于专精之科学。此皆各种科学特别成立之原因也。哥白尼（Copernicus 1473 – 1543）唱地动说，加伯尔（Kepler 1571 – 1630）发见行星绕日之规则；加里勒（Galileo 1564 – 1642）附加以地球绕日之时间；牛顿（Newton 1642 – 1727）更发见引力之公例，而天文学成立。自梅斯纳（Mersenne 1588 – 1648）、斯耐尔

（Snell 1591 – 1628）发明声学、光学之公例；齐贝尔（Gilbert）发见磁学公例，而物理学以渐成立。波爱尔（Robert Boyle 1627 – 1691）规定原子之概念，而化学以渐成立。哈尔佛（Harvey 1578 – 1657）发见血液循环之系统，而生理学以渐成立。李鼐（Linné 1707 – 1778）新定植物系统，而植物学成立。屈维野（Cuvier 1769 – 1832）创比较解剖学，研求动物自然系统，而动物学成立。凡自然现象，自昔为哲学所包含者，皆已建立为科学矣。而精神现象之学，如心理学者，近已用实验之法，组织为科学，发起于韦贝尔（E. H. Weber 1795 – 1878），费希纳（Fechner 1801 – 1887），而成立于冯德（Wundt）。由是而演出者，则有费希纳之归纳法美学，及马曼（Meumann）之实验教育学，亦将离哲学而独立。其他若社会学，若伦理学，若人类学，若比较宗教学，若比较言语学等，凡昔日之附丽于哲学，而以演绎法治之者，至于今日，悉以归纳法治之，而将自成为科学。然则所遣〔遗〕留而为哲学之范围者，何耶？

于是郎革（Albert Lange）以为将来之哲学，有思想的文学而已。而海该尔之徒，则以为将来之哲学，不过哲学史耳。夫文学必含哲理，在今日已为显著之事实。新哲学之发生，必胚胎于思想的历史之总和；不能不以哲学史为哲学之大本营，亦事实也。然哲学之各部分，虽已分演而为各科学，而哲学之任务，则尚不止于前述之二端，约举之有三：一曰各科哲理，如应用数学之公例以言哲理，谓之数理哲学，应和生理学之公例以言哲理，则为生理哲学等是也。二曰综合各种科学，如合各种自然科学之公例而去其龃龉，通其隔阂，以构为哲学者，是为自然哲学。又各以自然科学所得之公例，应用于精神科学，又合自然科学及精神科学之公例，而论定为最高之原理，如孔德（Auguste Comte）之实证哲学，斯宾塞尔（Herbert Spencer）之综合哲学原理是也。三曰玄学，一方面基础于种种科学所综合之原理，一方面又基础于哲学史所包含之渐进的思想，而对于此方面所未解决之各问题，以新说解答之。如别格逊（Henri Rergson）之创造的进化论其例也。夫各科哲理与综合各种科学，尚介乎科学与哲学之间，唯玄学始超乎科学之上。然科学发达以后之玄学，与科学幼稚时代之玄学较然不同，是亦可以观哲学与科学之相得而益彰矣。

五十年来中国之哲学

（一九二三年十二月）

中国哲学，可以指目的，止有三时期：

一是周季，道家、儒家、墨家等，都用自由的思想，建设有系统的哲学，等于西洋哲学史中希腊时代。

二是汉季至唐，用固有的老庄思想，迎合印度宗教。译了许多经论，发生各种宗派。就中如华严宗、三论宗、禅宗、天台宗等，都可算宗教哲学。

三是宋至明，采用禅宗的理想，来发展儒家的古义。就中如陆王派，虽敢公然谈禅，胜似程朱派的拘泥；但终不敢不借儒家作门面。所以这一时间的哲学，等于欧洲中古时代的烦琐哲学。

从此以后，学者觉得宋明烦琐哲学，空疏可厌。或又从西方教士，得到数学、名学的新法。转而考证古书，不肯再治烦琐的哲学，乃专治更为烦琐之古语学、古物学等。不直接治哲学，而专为后来研究古代哲学者的预备。就中利用此种预备，而稍稍着手于哲学的，唯有戴震，他曾著《孟子字义疏证》与《原善》两书，颇能改正宋明学者的误处。戴震的弟子焦循著《孟子正义》《论语解释》等书，阮元著《性命古训》《论语论仁论》等篇，能演戴震家法，但均不很精深，这都是五十年以前的人物。

最近五十年，虽然渐渐输入欧洲的哲学，但是还没有独创的哲学。所以严格地讲起来，"五十年来中国之哲学"一语，实在不能成立。现在只能讲讲这五十年中，中国人与哲学的关系，可分为西洋哲学的介绍与古代哲学的整理两方面。

五十年来，介绍西洋哲学的，要推侯官严复为第一。严氏本到英国学

海军,但是最擅长的是数学。他又治论理学、进化论兼涉社会、法律、经济等学。严氏所译的书,大约是平日间研究过的。译的时候,又旁引别的书,或他所目见的事实,作为按语,来证明他。他的译文,又都是很雅驯,给那时候的学者,都很读得下去。所以他所译的书,在今日看起来,或嫌稍旧;他的译笔,也或者不是普通人所易解。但他在那时候选书的标准,同译书的方法,至今还觉得很可佩服的。

他译的最早,而且在社会上最有影响的,是赫胥黎的《天演论》(Huxley:Evolution and Ethics and other Essays)。自此书出后,"物竞""争存""优胜劣败"等词,成为人人的口头禅。严氏在按语里面很引了"人各自由,而以他人之自由为界。""大利所在,必其两利。"等格言。又也引了斯宾塞尔最乐观的学说。大家都不很注意。

严氏于《天演论》外,最注意的是名学。彼所以译 Logic 作名学,因周季名家辨坚白异同与这种学理相近。那时候墨子的大取、小取、经、经说几篇,荀子的正名篇也是此类。后来从印度输入因明学,也是此类。但自词章盛行,名学就没有人注意了。严氏觉得名学是革新中国学术最要的关键。所以他在《天演论》自序及其他杂文中,常常详说内籀外籀的方法。他译穆勒的《名学》(John Stuart Mill:System of Logic),可惜止译了半部。后来又译了耶芳斯《名学浅说》(W. S. Jevons:Logic),自序道:"不佞于庚子、辛丑、壬寅间曾译《名学》半部,经金粟斋刻于金陵,思欲赓续其后半,乃人事卒卒,又老来精神苶短,惮用脑力。而穆勒书,深博广大,非澄思渺虑,无以将事,所以尚未逮也。戊申孟秋,浪迹津沽,有女学生旌德吕氏谆求授以此学。因取耶芳斯浅说,排日译示讲解,经两月成书"。可以见严氏译穆勒书时,是很审慎的,可惜后来终没有译完。

严氏所最佩服的,是斯宾塞尔的群学。在民国纪元前四十年,已开译斯氏的《群学肄言》(H. Spencer:Study of Sociology),但到前十年才译成。他的自序说:"其书……饬戒学者以诚意正心之不易,既已深切著明。而于操枋者一建白措注之间,辄为之穷事变,极末流,使功名之徒,失步变色,俛焉知格物致知之不容已。乃窃念近者吾国以世变之殷凡,吾民前者所造因皆将于此食其报,而浅谫剽疾之士,不悟其从来如是之大且久也。辄攘臂疾走,谓以旦暮之更张,将可以起衰,而以与胜我抗也。不能得。又搪撞号呼,欲率一世之人,与盲进以为破坏之事。顾破坏宜矣,而所建设者，又未必其果有合也，则何如稍审重而先咨于学之为愈乎。"盖严氏译这部书，重在纠当时政客的不学。同时又译斯密的《原富》（A. Smith：Inquiry into the Nature and Causes of the Wealth of Nations），以传布经济哲学，译孟德斯鸠的《法意》（C. D. S. Montesquieu：Spirit of Law），以传播法律哲学。彼在《原富》的凡例说："计学以近代为精密，乃不佞独有取于是书，而以为先事者：盖温故知新之义，一也。其中所指斥当轴之迷谬，多吾国言财政者之所同然，所谓从其后而鞭之，二也。其书于欧亚二洲始通之情势，英法诸国旧日所用之典章，多所纂引，足资考镜，三也。标一公理，则必有事实为之证喻，不若他书，勃窣理窟洁净精微，不便浅学，四也。"可以见他的选定译本，不是随便的。

严氏译《天演论》的时候，本来算激进派，听说他常常说"尊民叛君，尊今叛古"八个字的主义。后来他看得激进的多了，反有点偏于保守的样子。他在民国纪元前九年，把他四年前旧译穆勒的 On Liberty 特避去"自由"二字，名作《群己权界论》。又为表示他不赞成汉人排满的主张，译了一部甄克思的《社会通诠》（E. Tenks：History of Politics），自序中说"中国社会，犹然一宗法之民而已。"

严氏介绍西洋哲学的旨趣，虽然不很彻底，但是他每译一书，必有一番用意。译得很慎重，常常加入纠正的或证明的按语，都是很难得的。

《天演论》出版后，"物竞""争存"等语，喧传一时，很引起一种"有强权无公理"的主张。同时有一种根据进化论，而纠正强权论的学说，从法国方面输进来，这是高阳李煜瀛发起的。李氏本在法国学农学，由农学而研究生物学，由生物学而研究拉马尔克的动物哲学，又由动物哲学而引到克鲁巴金的互助论。他的信仰互助论，几与宗教家相像。民国纪元前六年顷，他同几个朋友，在巴黎发行一种《新世纪》的革命报，不但提倡政治革命，也提倡社会革命，学理上是以互助论为根据的。卢梭与伏尔泰等反对强权反对宗教的哲学，纪约的自由道德论，也介绍一点。李氏译了拉马尔克与克鲁巴金的著作，在《新世纪》发表。虽然没有译完，但是影响很大。李氏的同志如吴敬恒、张继、汪精卫等等，到处唱自由，唱互助，至今不息，都可用《新世纪》作为起点。

严、李两家所译的，是英、法两国的哲学，（唯克鲁巴金是俄国人，但他的互助论，是在英国出版的。）同时有介绍德国哲学的，是海宁王国

维。王氏关于哲学的文词，在《静庵集》中。他的自序说："余之研究哲学，始于辛、壬之间（民国纪元前十一年、十年间）癸卯春，始读汗德之纯理批评，苦其不可解，读几半而辍。嗣读叔本华之书而大好之。自癸卯之夏以至甲辰之冬，皆与叔本华之书为伴侣之时代也。所尤惬心者，则在叔本华之知识论，汗德之说，得因之以上窥。然于其人生哲学观，其观察之精锐，与议论之犀利，亦未尝不心怡神释也。后渐觉其有矛盾之处。去夏所作《红楼梦评论》，其立论虽全在叔氏之立脚地，然于第四章内，已提出绝大之疑问。旋悟叔氏之说，半出于其主观的性质，而无关于客观的知识；此意于《叔本华与尼采》一文中始畅发之。今岁之春（纪元前七年，复返而读汗德之书。嗣今以后，将以数年之力，研究汗德。他日稍有所进，取前说而读之，亦一快也。"可以见王氏得力处，全在叔氏，所以他有《叔本华之哲学及教育学说》一篇，谓"汗德憬然于形而上学之不可能，而欲以知识论易形而上学。……叔氏始由汗德之知识论出，而建设形而上学，复与美学、伦理学以完全之系统。……叔氏曰："我之为我，其现于直观中时，则块然空间及时间中之一物，与万物无异。然其现于反观时，则吾人谓之意志而不疑也。而吾人反观时，无知力之形式行乎其间，故反观时之我，我之自身也。然则我之自身，意志也。而意志与身体，吾人实视为一物，故身体者可谓之意志之客观化，即意志之入于知力之形式中者也。吾人观我时得由此二方面，而观物时，只由一方面，即唯由知力之形式中观之。故物之自身，遂不得而知。然由观我之例推之，则一切物之自身，皆意志也"。……古之言形而上学者，皆主知论，至叔本华而唱主意论。……叔氏更由形而上学，进而说美学。夫吾人之本质，既为意志矣。而意志之所以为意志，有一大特质焉，曰生活之欲。何则？生活者，非他，不过自吾人之知识中所观之意志也。……图个人之生活者，更进而图种姓之生活。……于是满足与空乏，希望与恐怖，数者如环无端，而不知其所终。……唯美之为物，不与吾人之利害相关系。而吾人观美时，亦不知有一己之利害。……不视此物为与我有利害之关系，而但观其物，则此物已非特别之物，而代表其物之全种，叔氏谓之曰实念。故美之知识，实念之知识也。……美之对吾人也，仅一时之救济，而非永远之救济，此其伦理学上之拒绝意志之说，所以不得已也。……从叔氏之形而上学，则人类于万物，同一意志之发现也。其所以视吾人为一个人，而与他人物相区别者，实由知力之数。夫吾人之知力，既以空间、时间为其形式矣，故凡现于知力中者不得不复杂。既复杂矣，不得不分彼我。故空间、时间二者，……个物化之原理也……若一旦超越此个物化之原理，而认人与己皆此同一之意志，知己所弗欲者，人亦弗欲之，各主张其生活之欲而不相侵害，于是有正义之德。更进而以他人之快乐为己之快乐，他人之苦痛为己之苦痛，于是有博爱之德。于正义之德中，己之生活之欲，已加以限制，至博爱则其限制又加甚焉。故善恶之别，全视拒绝生活之欲之程度以为断。其但主张自己之生活之欲，而拒绝他人之生活之欲者，是谓过与恶。主张自己，亦不拒绝他人者，谓之正义。稍拒绝自己之欲以主张他人者，谓之博爱。然世界之根本，以存于生活之欲之故，故以苦痛与罪恶充之。而在主张生活之欲以上者，无往而非罪恶。故最高之善，存于灭绝自己生活之欲，且使一切物，皆灭绝此欲，而同入于涅槃之境。"此叔氏伦理学上最高之理想也。

"至叔氏哲学全体之特质，最重要者，出发点在直观，而不在概念是也。"

"彼之哲学，既以直观为唯一之根据，故其教育学之议论，亦皆以直观为本。……叔氏谓直观者，乃一切真理之根本，唯直接间接与此相联络者始得为真理，而去直观愈近者，其理愈真。若有概念杂乎其间，则欲其不罹虚妄，难矣。如吾人持此论以观数学，则欧几里得之方法，二千年间所风行者，欲不谓之乖谬，不可得也。……叔氏于教育之全体、无所往而不重直观。故其教育上之意见，重经验而不重书籍。……而美术之知识，全为直观之知识，而无概念杂乎其间，故叔氏之视美术也，尤重于科学。"

王氏又有《书叔本华遗传说后》一篇，驳叔氏"吾人之性质好尚，自父得之，而知力之种类及程度，由母得之"的说明。又于《释理》及《红楼梦评论》，皆用叔氏哲学作根据，对于叔氏的哲学，研究固然透彻，介绍也很扼要。

王氏又作《叔本华与尼采》一篇，说明尼采与叔本华的关系。尼采最初极端的崇拜叔本华，其后乃绝端与之反对，最为可异。王氏此文，专为解决这个问题起见。他说："二人以意志为人性之根本也同，然一则以意志之灭绝，为其伦理学之理想；一则反是。一则由意志同一之假说，而唱绝对之博爱主义；一则唱绝对之个人主义。……尼采之学说，全本于叔

氏。其第一期之说，即美术时代之说，全负于叔氏，固不待言。第二期之说，亦不过发挥叔氏之直观主义。其第三期之说，虽若与叔氏反对；然要之不外乎以叔氏之美学上之天才论，应用于伦理学而已。……叔氏谓吾人之知识，无不从充足理由之原则者，独美术之知识则不然。其言曰：'美术者，离充足理由之原则而观物之道也。……天才之方法也。'……尼采乃推之于实践上，而以道德律之于个人，与充足理由之于天才，一也。……由叔本华之说，最大之知识，在超绝知识之法则。由尼采之说，最大之道德，在超绝道德之法则。……尼采由知之无限制说，转而唱意之无限制说。其察拉图斯德拉第一篇中之首章，述灵三变之说，言'灵魂变为骆驼，由骆驼而变为狮，又由狮而变为赤子，……狮子之所不能为，而赤子能之者何？赤子若狂也，若忘也，万事之源泉也，游戏之状态也，自转之轮也，第一之运动也，神圣之自尊也。'使吾人回想叔本华之天才论曰：'天才者，不失其赤子之心者也。……赤子，能感也，能思也，能教也。……彼之知力，盛于意志。知力之作用，远过于意志之所需要。故自某方面观之，凡赤子，皆天才也。又凡天才自某点观之，皆赤子也。'……叔氏于其伦理学，及形而上学，所视为同一意志之发现者；于知识论及美学上，则分为种种之阶级。彼于其大著述第一书之补遗中，说知力上之贵族主义。……更进而立大人与小人之区别。……对一切非天才而加以种种之恶谥：曰俗子，曰庸夫，曰庶民，曰舆台，曰合死者。尼采则更进而谓之曰众生，曰众庶。其所异者，唯叔本华谓知力上之阶级，唯由道德联结之。尼采则谓此阶级，于智力道德，皆绝对的而不可调和者也。叔氏以持知力的贵族主义，故于伦理学上虽奖卑屈之行，而于其美学上大非谦逊之德。尼采小人之德一篇中，恶谦逊。……其为应用叔氏美学之说于伦理学上，昭然可观。……叔本华与尼采，性行相似，知力之伟大相似，意志之强烈相似。其在叔本华，世界者，吾之观念也。于本体之方面，则曰世界万物，其本体皆与吾人之意志同，而吾人与世界万物，皆同一意志之表现也，自他方面言之，世界万物之意志，皆吾之意志也。于是我所有之世界，自现象之方面而扩于本体之方面。而世界之在我，自知力之方面而扩于意志之方面。然彼犹以有今日之世界为不足，更进而求最完全之世界。故其说虽以灭绝意志为归，而于其大著第四篇之末，仍反复灭不终灭，寂不终寂之说。彼之说博爱也，非爱世界也，爱其自己之世界而已，其说灭绝也,非真欲灭绝也,不满足今日之世界而已。……彼之形而上学之需要在此,终身之慰藉在此。……若夫尼采,以奉实证哲学,故不满于形而上学之空想。而其势力炎炎之欲,失之于彼岸者,欲恢复之于此岸,失之于精神者,欲恢复之于物质。……彼效叔本华之天才,而说超人,效叔本华之放弃充足理由之原则,而放弃道德。高视阔步,而姿〔恣〕其意志之游戏。宇宙之内,有知意之优于彼,或足以束缚彼之知意者,彼之所不喜也,故彼二人者,其执无神论,同也。其唱意志自由论,同也。……其所趋虽殊,而性质则一。彼之所以为此说者,无他,亦聊以自慰而已。……《列子》曰'周之尹氏大治产,其下趣役者,侵晨昏而弗息。有老役夫,筋力竭矣,而使之弥勤。昼则呻吟而即事;夜则昏惫而熟寐。昔梦为国君,居人民之上,总一国之事,游燕宫观。恣意所欲。觉则复役。'叔氏之天才之苦痛,其役夫之昼也。美学上之贵族主义,与形而上学之意志同一论,其国君之夜也。尼采则不然,彼有叔本华之天才,而无其形而上学之信仰,昼亦一役夫,梦亦一役夫,于是不得不弛其负担,而图一切价值之颠复。举叔氏梦中所以自慰者,而欲于昼日实现之,此叔本华之说,所以尚不反于普通之道德。而尼采则肆其叛逆而不惮者也。此无他,彼之自慰藉之道,因不得不出于此也。"

王氏介绍叔本华与尼采的学说,固然很能扼要;他对于哲学的观察,也不是同时人所能及的。彼作《论哲学家与美术家之天职》一篇,说"天下有最神圣最尊贵而无与于当世之用者,哲学与美术是已。天下之人,嚣然谓之曰'无用',无损于哲学美术之价值也。至为此学者,自忘其神圣之位置,而求以合当世之用,于是二者之价值失。……且夫世之所谓有用者,孰有过于政治家实业家者乎?世人喜言功用,吾姑以功用言之。夫人之所以异于禽兽者,岂不以其有纯粹之知识,与微妙之感情哉?至于生活之欲,人与禽兽无以或异。后者,政治家及实业家之所供给。前者之慰藉满足,非求诸哲学及美术不可。就其所贡献于人之事业言之,其性质之贵贱,固以殊矣。至于其功效之所及言之,则哲学家与美术家之事业,虽千载以下,四海以外,苟其所发明之真理(哲学)与其所表之记号(美术)之尚存,则人类之知识感情,由此而得其满足慰藉者,曾无以异于昔。而政治家及实业家之事业,其及于五世、十世者希矣。此久暂之别也。然则人而无所贡献于哲学、美术,斯亦已耳。苟为真正之哲学家、美术家,又

何慊乎政治家哉？披我中国之哲学史，凡哲学家无不欲为政治家者，斯可异已。孔、墨、孟、荀，汉之贾、董，宋之张、程、朱、陆，明之罗、王无不然。……夫然，故我国无纯粹之哲学。其最完备者，唯道德哲学与政治哲学耳。至于周、秦、两宋之形而上学，不过欲固道德哲学之根柢，其对形而上学，非有固有之兴味也。其于形而上学且然，况乎美学、名学、知识论等，冷淡不急之问题哉？"又作《教育偶感》四则，中有《大学及优级师范学校之削除哲学科》说："奏立学堂章程，张制军（之洞）之所手定，其大致取法日本学制，独于文科大学中，削除哲学一科，而以理学科代之。……自其科目之内容观之，则所谓理学者，仅指宋以后之学说。而其教授之范围，亦止于此。……抑吾闻叔本华之言曰：'大学之哲学，真理之敌也。真正之哲学，不存于大学。哲学唯恃独立之研究，始得发达耳。'然则制军之削此科，抑亦斯学之幸欤？至于优级师范学校则不然。夫师范学校，所以养成教育家，非养成哲学家之地也。故其视哲学也，不以为一目的，而以为一手段。何则？不通哲学，则不能通教育学，及与教育学相关系之学，故也。且夫探宇宙人生之真理，而定教育之理想者，固哲学之事业。然此乃天才与专门家之所为，非师范学校之生徒所能有事也。师范学校之哲学科，仅为教育学之预备，若补助之用，而其不可废，亦即存乎此。何则？彼挟宇宙人生之疑惑，而以哲学为一目的而研究之者，必其力足以自达，而无待乎设学校以教之。且宇宙人生之事实，随处可观，而其思索，以自己为贵。故大学之不设哲学科，无碍斯学之发达也。若夫师范学校之生徒，其志望唯欲为一教育家，非于哲学上有极大之兴味也。而哲学与教育学之关系，凡稍读教育学之一二页者即能言之。……今欲舍哲学而言教育学，此则愚所大惑不解者也"。

王氏那时候热心哲学到这个地步。但是他不久就转到古物学、美术史的研究；在自序中所说"研究汗德"的结果，嗣后竟没有报告也没有发表关于哲学的文辞了。

王氏介绍尼采学说，不及叔本华的详备；直到民国九年，李石岑所编《民铎》杂志第二卷第一号，叫作尼采号，就中叙述的有白山的尼采传，符所译的 Nüge 的尼采之一生及其思想。译大意的，有朱侣云的超人和伟人，张叔丹的查拉图斯特拉的绪言，刘文超的自己与身之类。批评的，有李石岑之尼采思想之批评，与 S.T.W. 的尼采学说之真价。比较的详备一点了。

《民铎》杂志第三卷第一号,在民国十年十二月一日出版的,是柏格森号。就中叙述的是严阮澄的《柏格森传》。译述的是蔡元培的《哲学导言》,柯一岑的《精神能力说》,与《梦》,严阮澄的《绵延与自我》,范寿康的《柏格森的时空论》,冯友兰的《柏格森的哲学方法》。比较的是杨正宇的《柏格森之哲学与现代之要求》,瞿世英的《柏格森与现代哲学之趋势》,范寿康的《直观主义哲学的地位》。与佛学比较的,是吕澂的《柏格森哲学与唯识》,梁漱溟的《唯识家与柏格森》,黎锦熙的《维摩语经纪闻跋》。批评的是李石岑的《柏格森哲学之解释与批判》,张东荪的《柏格森哲学与罗素的批评》。又有一篇君劢的《法国哲学家柏格森谈话记》。谈话记的第一节说,"呜呼!康德以来之哲学家,其推倒众说,独辟蹊径者,柏格森一人而已。昔之哲学家之根本义曰常,曰不变,而柏氏之根本义,则曰变,曰动。昔之哲学家曰'先有物而后有变有动',而柏氏则曰'先有变有动而后有物'。唯先物而后变动焉,故以物为元始的,而变动为后起的。唯先变动而后物焉,故以动为元始的,而物为后起的。昔之学者曰:'时间者,年,月,日,时,分,秒,而已',柏氏曰:'此年,月,日,时,分,秒,及数学的时间也,亦空间化之时间也。吾之所谓真时间,则过去、现在、未来三者相继续,属之自觉性与实生活中,故非数学所得而表现。'昔之哲学家,但知有物,而不知物之原起。柏氏曰'天下无所谓物,但有行为而已。物者,即一时的行为也。由人类行为施其力于空间,而此行为之线路,反映于吾人眼中,则为物之面之边。'昔之哲学者曰:'求真理之具,曰官觉,曰概念,曰判断。'柏氏曰:"世界之元始的实在曰变动。故官觉、概念、判断,三者,不过此变动之片段的照相。是由知识之选择而来,其本体不若是焉。"虽寥寥数语,但柏氏哲学的真相,介绍得很深切了。

《民铎》杂志的尼采号,有尼采之著述及关于尼采研究之参考书;柏格森号亦有柏格森著述及关于柏格森研究之参考书。这可算是最周密的介绍法。

格柏森号中作"柏格森哲学与罗素的批评"一篇的张东荪,是专门研究柏格森哲学的。他已经译了柏氏的《创化论》(L'evolution Gréatrice),现在又译《物质与记忆》(Matiereet - Memoire),听说不久可译完。

作《法国哲学家柏格森谈话记》的君劢，就是张嘉森，他是近两年专在欧洲研究新哲学的。到法国，就研究柏格森哲学。到德国，就研究倭铿哲学。他不但译这两个哲学家的书，又请柏氏、倭氏的大弟子特别讲解；又时时质疑于柏氏、倭氏。他要是肯介绍两氏的学说，必可以与众不同。介绍倭铿学说的人，还没有介绍柏氏的多，但《民铎》杂志第一卷，也有李石岑关于倭氏学说的论文。

柏氏、倭氏都是我们想请他到中国来讲学的人，倭氏因太老，不能来了。柏氏允来，尚不能定期。我们已经请到过两位大哲学家：一位是杜威，一位是罗素。

杜威的哲学，从詹姆士 William James 的实际主义演进来的。杜威将来的时候，他的弟子胡适作了一篇实验主义，绍介他，先说明实验主义的起原，道："现今欧美很有势力的一派哲学，英文叫作 Pragmatism，日本人译为'实际主义'。这个名称本来还可用。但这一派哲学里面，还有许多大同小异的区别，'实际主义'一个名目，不能包括一切支派。英文原名 Pragmatism 本来是皮耳士（C. S. Peirce）提出的。后来詹姆士把这个主义应用到宗教经验上去，皮耳士觉得这种用法不很妥当，所以他想把原来主义，改称为 Pragmaticism，以别于詹姆士 Pragmatism，英国失勒（F. C. S. Schiller）一派，把这个主义的范围更扩充了，本来不过是一种辨论的方法，竟变成一种真理论和实在论了。（看詹姆士的 Meraning of Truth。页五十一）所以失勒提议改用'人本主义'（Humanism）的名称。美国杜威一派，仍旧回到皮耳士所用的原意，注重方法论一方面；他又嫌詹姆士和失勒一般人，太偏重个体事物和意志的方面，所以他不愿用 Pragmatism 的名称，他这一派自称为工具主义（Instrumntalism），又可译为'应用主义'或'器用主义'。因为这一派里面有这许多区别，所以不能不用一个涵义最广的总名称。'实际主义'四个字让詹姆士独占。我们另用'实验主义'的名目来做这一派哲学的总名。就这两个名词的本义看来，'实际主义'（Pragmatism）注重实际的效果，'实验主义'（Experimentalism）虽然也注意实际的效果，但他更能点出这种哲学所最注意的是实验的方法。实验的方法，就是科学家在试验室里用的方法。这派哲学的始祖皮耳士常说他的新哲学不是别的，就是'科学试验室的态度'，（The Laboratory attitude of Mind）。这种态度，是这种哲学的各派所公认的，所以我们可用来做一个'类名'。"这一节叙杜威学派的来原很清楚,后来杜威讲"现代三大哲学家",又把詹姆士的学说介绍了一回。所以杜威一来,连詹姆士也同时介绍了。

杜威在中国两年,到的地方不少,到处都有演讲。但是长期的学术演讲,止在北京、南京两处,北京又比较的久一点。在北京有五大演讲,都是胡适口译的:

第一,社会哲学与政治哲学。

第二,教育哲学。

第三,思想之派别。

第四,现代的三个哲学家。

第五,伦理讲演。

胡氏不但临时的介绍如此尽力,而且他平日关于哲学的著作,差不多全用杜威的方法,所以胡氏可算是介绍杜威学说上最有力的人。他在杜威回国时,又作了一篇《杜威先生与中国》。就中有一段说:"杜威先生不曾给我们一些关于特别问题的特别主张,——如共产主义、无政府主义、自由恋爱之类,——他只给了我们一个哲学方法,使我们用这个方法去解决我们自己的特别问题。他的哲学方法,总名叫作'实验主义';分开来可作两步说:(1)历史的方法'祖孙的方法':他从来不把一个制度或学说,看作一个孤立的东西,总把他看作一个中段:一头是他所以发生的原因,一头是他自己发生的效果;上头有他的祖父,下头有他的子孙。捉住了这两头,他再也逃不出去了!这个方法的应付,一方面是很忠厚宽恕的,因为他处处指出一个制度或学说所以发生的原因,指出他历史的背景,故能了解他在历史上的地位与价值,故不致有过分的苛责。一方面,这个方法又很是严厉的,最带有革命性质的。因为他处处拿一个学说或制度发生的结果,来评判他本身的价值,故最公平,又最厉害。这种方法,是一切带有评判精神的运动的一个武器。(2)实验的方法:实验的方法,至少注重三件事:(一)从具体的事实与境地下手;(二)一切学说理想,一切知识,都只是待证的假设,并非天经地义;(三)一切学说与理想,都须用实行来试验过。实验是真理的唯一试金石。第一件,——注意具体的境地,——使我们免去许多无谓的问题,省去许多无意识的争论。第二件,一切学理都看作假设,——可以解放许多'古人的奴隶'。第三件——实

验,——可以稍稍限制那上天下地的妄想冥想。实验主义只承认那一点一滴做到的进步,一步步有智慧的指导,步步有自动的实验——才是真进化。"可算是最简要的介绍。

胡氏以外还有杜威的弟子蒋梦麟、刘伯明、陶知行等等。蒋氏方主持《新教育》,特出了一本杜威号。刘氏、陶氏、当杜威在南京、上海演讲时,担任翻译。刘氏还译了杜威所著的思维术。

罗素在北京也有五大讲演:

第一,数理逻辑。

第二,物之分析。

第三,心之分析。

第四,哲学问题。

第五,社会构造论。

都是赵元任口译的。在《数理逻辑》印本后。有张崧年试编罗素既刊著作目录一卷。

在罗素没有到中国以前,已有人把他著的书翻译了几部,如《到自由之路》、《社会改造原理》等。罗素的数学与哲学,我国人能了解而且有兴会的,很不多。他那关于改造社会的理想,很有点影响。他所说的人应当裁制他占有的冲动,发展他创造的冲动。同称引老子的"生而不有,为而不恃,长而不宰"主义,很引起一种高尚的观念,可与克鲁巴金的"互助"主义,有同等价值。

五十年内,介绍西洋哲学的成绩,大略如是。现在要讲到整顿国故的一方面了。近年整理国故的人,不是受西洋哲学影响,就是受印度哲学影响的。所以我先讲五十年来我国人对于印度哲学的态度。

民国纪元前四十七年,石埭杨文会始发起刻书本藏经的事。前二三年,他在江宁延龄巷,设金陵刻经处。他刻经很多,又助日本人搜辑续藏经的材料,又也著了几种阐扬佛教的书。但总是信仰方面的工夫,不是研究的。他所作的《佛法大旨》里面说:"如来设教,义有多门。譬如医师,应病与药。但旨趣玄奥,非深心研究,不能畅达。何则?出世妙道,与世俗知见,大相悬殊。西洋哲学家数千年来精思妙想,不能入其堂奥。盖因所用之思想,是生灭妄心;与不生不灭常住真心,全不相应。是以三身四智,五眼六通,非哲学所能企及也。"又云:"近时讲心理学者每以佛法与哲学相提并论，故章末特为指出以示区别。"（见《等不等观杂录》卷一）就是表明佛法是不能用哲学的方法来研究的。所以杨氏的弟子很多，就中最高明的如桂念祖、黎端甫、欧阳渐等，也确守这种宗法。直至民国五年，成都谢蒙编《佛学大纲》，下卷分作佛教论理学、佛教心理学、佛教伦理学三篇。从民国六年起，国立北京大学在哲学门设了"印度哲学"的教科，许丹、梁漱溟相继续的讲授，梁氏于七年十月间，印布所著的《印度哲学概念》，分印土各宗概略、本体论、认识论、世间论四编。立在哲学家地位，来研究佛法同佛法以前的印度学派，算是从此开端了。

至于整理国故的事业，也到严复介绍西洋哲学的时期，才渐渐倾向哲学方面。这因为民国纪元前十八年，中国为日本所败，才有一部分学者，醒悟中国的政教，实有不及西洋各国处，且有不及维新的日本处，于是基督教会所译的，与日本人所译的西洋书，渐渐有人肯看，由应用的方面，引到学理的方面，把中国古书所有的学理来相印证了。

那时候在孔子学派上想做出一个"文艺复兴"运动的，是南海康有为。他是把进化论的理论应用在公羊春秋的据乱、升平、太平三世，同《小戴记礼运》篇的小康大同上。他所著的《大同书》，照目录上是分作十部：甲部，入世界，观众苦。乙部，去国界，合大地。丙部，去级界，平民族。丁部，去种界，同人类。戊部，去形界，各独立。己部，去家界，为天民。庚部，去产界，公生业。辛部，去乱界，治太平。壬部，去类界，爱众生。癸部，去苦界，至极乐。已经刊布的，止有甲乙两部，照此例推，知道从乙部到壬部，都是他理想的制度。甲部与癸部，是理论。他在甲部的第一章说："有生之徒，皆以求乐免苦而已，无他道矣。其有迂其途，假其道，曲折以赴，行苦而不厌者，亦以求乐而已。虽人之性有不同乎！而可断断言之曰，人道无求苦去乐者也。立法创教，令人有乐而无苦，善之善者也。能令人乐多苦少，善而未尽善者也。令人苦多乐少，不善者也。"他的人生观是免苦求乐。但是他不主张利己主义，因为见了他人的苦，自己一定不能乐了，因为"人有不忍之心"。他也不主张精神上的乐，可以抵偿物质上的苦，所以他说："人生而有欲，天之性哉！欲无可尽则常节之。欲可近尽，则愿得之。近尽者何？人人之所得者，吾其不欲得之乎哉？其不可得之也，则耻不比于人数也。其能得之也，则生人之趣应乐也。生人之乐趣，人情所愿欲者何？口之欲美饮食也；居之欲美宫

室也;身之欲美衣服也;目之欲美色也;鼻之欲美香泽也;耳之欲美音声也;行之欲灵捷舟车也;用之欲使美机器也;知识之欲学问图书也;游观之欲美园林山泽也;体之欲无疾病也;养生送死之欲无缺也;身之欲游戏登临,从容暇豫,啸傲自由也;公事大政之欲预闻预议也;身世之欲无牵累压制而超脱也;名誉之欲彰彻大行也;精义妙道之欲入于心耳也;多书,妙画,古器,异物之欲罗于眼底也;美男妙女之欲得我意者而交之也;登山临水,泛海升天之获大观也。"(《大同书》甲部六六页至六七页)看物质上与精神上的快乐,都是必需的;他也不主张厌世主义,要脱世间的苦,求出世间的乐,他说:"乱世之神圣仙佛,凡百教主,皆苦矣哉!而尚未济也。岂若大同之世,太平之道,人人无苦患,不劳神圣仙佛之普度。而人人皆神圣仙佛,不必复有神圣仙佛。"他所主张的是创立一种令人有乐无苦的制与教,在地上建设天国,那时候就是"太平之世,性善之时。"这种主张,是以"不忍之心"为出发点的。他说:"夫见见觉觉者,形声于彼,传送于目耳;冲动于魂气。凄凄怆怆,袭我之阳;冥冥岑岑,入我之阴;犹犹然而不能自已者,其何朕耶?其欧人所谓以太耶?其古所谓不忍之心耶?其人皆有此不忍之心耶?宁我独有耶?"又说:"天者,一物之魂质也;人者,亦一物之魂质也。虽形有大小,而其分浩气于太元,挹涓滴于大海,无以异也。……无物无电,无物无神。夫神者,知气也,魂知也,精爽也,灵明也,明德也,数者,异名而同实。有觉知则有吸摄;磁石犹然,何况于人?不忍者,吸摄之力也。故仁智同藏而智为先;仁智同用,而仁为贵矣"。(甲部五页至六页)他以快乐为人生究竟的目的,以同情为道德的起原,很有点像英国功利论的哲学。

方康氏著《大同书》的时候,他的朋友谭嗣同著了一部《仁学》。康氏说"以太",说"电",说"吸摄",都作为"仁"的比喻;谭氏也是这样。康氏说"去国界"、"去级界"等等,谭氏也要去各种界限。这是相同的。但谭氏以华严及庄子为出发点,以破对待为论锋,不注意于苦乐的对待,所以也没有说去苦就乐的方法。他的《仁学》,有界说二十七条。就中最要的(一)"仁以通为第一义。以太也,电也,心力也,皆指出所以通之具。"(三)"通有四义:中外通,多取其义于春秋,以太平世大小远近若一,故也。上下通,男女内外通,多取其义于易,以阳下阴吉,阴下阳吝,泰,否之类是也。人我通。多取其义于佛经,以无人相,无我想,故也。"（七）"通之象为平等。"（八）"通则必尊灵魂，平等则体魄可以灵魂。"（十一）"仁为天地万物之源，故唯心，故唯识；"（十三）"不生不灭，仁之体。"（十七）"仁，一而已，凡对待之词，皆当破之。"他的破对待的说明："对待生于彼此，彼此生于有我。我为一，对我者为人则生二。人我之交则生三。参之，伍之，错之，综之。朝三而暮四，朝四而暮三，名实未亏，而爱恶因之。由是大小，多寡，长短，久暂，一切对待之名，一切对待之分别，殽然哄然。其瞒也，其自瞒也，不可以解矣。然而有瞒之不尽者，偶露端倪，所以示学人以路也。一梦而数十年月也。一思而无量世界也。尺寸之镜，无形不纳焉。铢两之脑，无物不志焉。……虚空有无量之星日，星日有无量之虚空，可谓大矣；非彼大也，以我小也。有人不能见之微生物，有微生物不能见之微生物，可谓小矣；非彼小也，以我大也。何以有大？比例于我小而得之。何以有小，比例于我大而得之。然则但无我见，世界果无大小矣。多寡，长短，久暂，亦复如是。疑以为幻，虽我亦幻也。何幻非真？何真非幻？真幻亦对待之词，不足疑对待也。惊以为奇，而我之能言，能动，能食，能思，不更奇乎？何奇非庸？何庸非奇？庸奇又对待之词，不足惊对待也。"（二十页）他的不生不灭的说明："不生不灭有征乎？曰弥望皆是也。如何所言化学诸理，穷其学之所至，不过析数原质而使之分，与并数原质而使之合，用其已然而固然者，时其好恶，剂其盈虚，而以号曰某物某物，如是而已。岂竟能消灭一原质，与别创造一原质哉？"（十二至十三页）又说："今夫我何以知有今日也，比于过去未来而知之。然而去者则已去，来者又未来，又何知有今日？迨乎我知有今日，则固已逝之今日也。过去独无今日乎？乃谓曰过去。未来独无今日乎？乃谓之曰未来。今日则为今日矣，乃阅明日，则不谓今日为今日。阅又明日，又不谓明日为今日。日析为时，时析为刻，刻析为分，分析为秒忽。秒忽随生而随灭；确指某秒某忽为今日，确指某秒某忽为今日之秒忽，不能也。昨日之天地，物我据之以为生，今日则皆灭。今日之天地，物我据之以为主，明日则又灭。不得据今日为生，即不得据今日为灭。故曰，<u>生灭，即不生不灭也</u>"。（十八至十九页）举这几条例，可见他的哲理，全是本于庄子与华严了。他主张破对待，主张平等，所以他反对名教。反对以淫杀为绝对的恶。反对三纲。他主张通，所以反对闭关，反对国界，反对宁静安静，反对崇俭。他在那时候，敢出这种

"冲决网罗"的议论,与尼采的反对基督教奴隶道德差不多了。

他的界说道:"凡为仁学者,于佛书当通华严及心宗、相宗之书。于西书当通新约及算学、格致、社会学之书。于中国当通《易》、《春秋》、《公羊传》、《论语》、《礼记》、《孟子》、《庄子》、《墨子》、《史记》,及陶渊明、周茂叔、张横渠、陆子、王阳明、王船山、黄梨洲之书。"(廿五)又说:"算学虽不深,而不可不习几何学,盖论事办事之条段在是矣。"(廿六)又说:"格致即不精,而不可不知天文、地舆、全体、心灵四学,盖群学群教之门径在是矣。"(廿七)那时候西洋输入的科学,固然很不完备,但谭氏已经根据这些科学,证明哲理,可谓卓识。仁学第二十四页:"难者曰'子陈义高矣,既已不能行,而滔滔为空言,复奚益乎?'曰,吾贵知不贵行也。知者,灵魂之事也。行者,体魄之事也。……行有限而知无限。……且行之不能及知,又无可如何之势也。手足之所接,必不及耳目之远;记性之所含,必不及悟知之广;权尺之所量,必不及测量之确;实事之所丽,必不及空理之精,夫孰能强易之哉?"也能说明哲学与应用科学不同的地方。

与康、谭同时有平阳宋恕,钱唐〔塘〕夏曾佑两人,都有哲学家的资格。可惜他们所著的书,刊布的很少。宋氏止刊布《卑议》四十六篇,都是论政事的。他的自序印行缘起说,"孟氏曰'人皆有不忍人之心,斯有不忍人之政。'……其有愿行不忍人之政者乎?其宁无取于斯议焉?"他在《卑议》中说:"儒家宗旨,一言以蔽之,曰'抑强扶弱'。法家宗旨,一言以蔽之,曰'抑弱扶强'。洛闽讲学,阳儒阴法。"(贤隐篇洛闽章第七)又说:"洛闽祸世,不在谈理,而在谈理之大远乎公。不在讲学,而在讲学之大远乎实。"他的自叙说,"儒术之亡,极于宋元之际。神州之祸。极于宋元之际。苟宋元阳儒阴法之说一日尚炽,则孔孟忠恕仁义之教一日尚阻。"可见他也是反对宋元烦琐哲学,要在儒学里面做"文艺复兴"的运动。他在变通篇,救惨章说:"赤县极苦之民有四,而乞人不与焉。一曰童养媳,一曰娼,一曰妾,一曰婢。"他说娼的苦:"民之无告于斯为极,而文人乃以宿娼为雅事,道学则斥难妇为淫贱。……故宿娼未为丧心,文人之丧心,在以为雅事也。若夫斥为淫贱,则道学之丧心也。"在同仁章说:"今国内深山穷谷之民多种,世目之曰黎,曰苗,曰猺,曰獠,被以丑名,视若兽类。……今宜于官书中,削除回、黎、苗、猺、獠等字样，一律视同汉民。"又在自叙说："更卑于此，吾弗能矣。非弗能也，诚弗忍也。夫彼阳儒阴法者流，宁不自知其说之殃民哉？然而苟且图富贵，不恤以笔舌驱其同类于死地，千万亿兆乃至恒河沙数者，其恻隐绝也。今恕日食动物，此于佛徒，恻隐微矣。然此弗忍同类之忧，自幼至今，固解莫解，安能绝也？嗟乎！行年将三十矣。（作自序时，民国纪元前二十一年。）又三十年，则且老死。杂报如家，人天如客，轮转期迩，栗栗危惧。区区恻隐，于仁全量，如一滴水，与大海较。夫又安可绝也？夫又安可绝也？"可见他的理想，也是以同情为出发点。《卑议》以外的著作，虽然不可见，大略也可推见了。

夏氏是一个专门研究宗教的人，有给杨文会一封信："弟子十年以来，深观宗教。流略而外，金头、五顶之书，基督天方之学，近岁粗能通其大义，辨其径途矣。唯有佛法，法中之王，此语不诬，至今益信。而兹道之衰，则实由禅宗而起。明末，唯识宗稍有述者，未及百年，寻复废绝。然衰于支那而盛于日本。近来书册之东返者不少，若能集众力刻之，移士夫治经学、小学之心以治此事，则于世道人心当有大益。……近来国家之祸，实由全国人民不明宗教之理之故所致；非宗教之理大明，必不足以图治也，至于出世，更不待言矣。又佛教源出婆罗门，而诸经论言之不详。即七十论，十句义，亦只取其一支，非其全体。而婆罗门亦自秘其经，不传别教。前年英人穆勒，始将四韦驮之第一种，译作英文；近已买得一分，分四册；二梵，二英。若能译之以行于世，则当为一绝大因缘。又英人所译印度教派，与中土奘师所传者不异。唯若提子为一大宗，我邦言之不详，不及数论胜论之夥。又言波商羯罗源出于雨众，将佛教尽灭之，而为今日现存婆罗门各派之祖。此事则支那所绝不知者。"（见杨文会《等不等观杂录》卷六）即此一信，也看得出研究范围的广，与用工的久了。但是他至今没有发布他所研究的宗教哲学，他的著作，已经刊布的，止有《中国历史教科书》三册。今把这三册里面，稍近哲理的话，摘抄一点。

第一篇《世界之始》说："人类之生，决不能谓其无所始。然其所始，说各不同，大约分为两派：古言人类之始者为宗教家，今言人类之始者为生物学家。宗教家者，随其教而异；各以其本群最古之书为凭。……详天地剖判之形，元祖降生之事。……无一同者。昔之学人笃于宗教，每多出主入奴之意。今幸稍衰，但用以考古而已。至于生物学者，创于此百年以

内。最著者英人达尔文之种源论。"（第一篇第一页）

"五行至禹而传"说："包牺以降，凡一代受命，必有河图。……盖草昧之时，为帝王者，不能不托神权以治世，故必受河图以为天命之据。且不但珍符而已，图书均有文字《河图洛书》，列治国之法，与《洪范》等，惜其书不传，唯《洪范》存于世。五行之说，殆为神州学术之质干。'鲧湮洪水，汨陈其五行。帝乃震怒，不畀洪范九畴；彝伦攸斁，鲧则殛死。禹乃嗣兴，天乃锡禹洪范九畴，彝伦攸叙。'其诸西奈山之石版与？"（第一篇三十二页）

"孔子以前之宗教"说："孔子一身，直为中国政教之原。……然欲考孔子之道术，必先明孔子道术之渊源。孔子者，老子之弟子也。孔子之道，虽与老子殊异，然源流则出于老，故欲知孔子者不可不知老子。然老子生于春秋之季，欲知老子，又必知老子以前天下之学术若何。老子以前之学术明，而后老子之作用乃可识。老子之宗旨见，而后孔子之教育乃可推。至孔子教育之指要，既有所窥，则自秦以来，直至目前，此二千余年之政治盛衰，人材升降，文章学问，千枝万条，皆可烛照而数计矣。"（八十四页）"鬼神术数之事，今人不能不笑古人之愚。然非愚也。盖初民之意，观乎人类，无不各具知觉。然而人之初生，本无知觉者也，其知觉不知何自而来。人之始死，本有知觉者也，其知觉又不知从何而去。于是疑肉体之外，别有一灵体存焉。其生也，灵体与肉体相合而知觉显。其死也，灵体与肉体相分而知觉隐。有隐显而已，无存亡也。于是有人鬼之说。既而仰观于天，日月升沈，寒暑迭代，非无知觉者所能为也，于是有天神之说。俯观乎地，出云雨，长草木，亦非无知觉者所能为也，于是有地祇之说。人鬼，天神，地祇，均以生人之理推之而已。其他庶物之变，所不常见者，则谓之物魅，亦以生人之理推之而已。此等思想，太古已然。逮至算术既明，创为律历，天文，诸事渐可测量。推之一二事而合，遂谓推之千万事而无不合，乃创立法术，以测未来之事，而术数家兴。"

"新说之渐"说："鬼神术数之学，传自炎黄，至春秋而大备。然春秋之时，人事进化，骎骎有一日千里之势；鬼神术数之学，不足以牢笼一切。春秋之末，明哲之士，渐多不信鬼神术数者。……至于老子，遂一洗古人之面目。九流百家，无不源于老子。"

"老子之道"说："老子之书，于今具在。讨其义蕴，大约以反复申明鬼神术数之误为宗旨。'万物芸芸,各归其根,归根则静,是谓复命。'是知鬼神之情状,不可以人理推,而一切祷祀之说破矣。'有物浑成,先天地生。'则知天地,山川,五行,百物之非原质,不足以明天人之故,而占验之说废矣。'祸兮福所倚,福兮祸所伏。'则知祸福纯乎人事,非能有前定者,而天命之说破矣。鬼神,五行,前定既破,而后知'天地不仁,以万物为刍狗。圣人不仁,以百姓为刍狗。'闷宫,清庙,明堂辟雍之制,衣裳,钟鼓,揖让,升降之文之更不足言也。虽然,老子为九流之初祖,其生最先。凡学说与政论之变也,其先出之书,所以矫前代之失者,往往矫枉过正。老子之书,有破坏而无建立,可以备一家之哲学,而不可以为千古之国教,此其所以有待于孔子与?"

"孔子之异闻"说:"盖自上古至春来,原为鬼神术数之时代;乃合蚩尤之鬼道,与黄帝之阴阳以成之,皆初民所不得不然。至老子骤更之必为天下所不许。书成身隐,其避祸之意耶?孔子虽学于老子,而知教理太高,必与民知不相适而废。于是去其太甚,留其次者,故去鬼神而留术数。《论语》言'未知生,焉知死?'又言'不知命,无以为君子'。即其例也。然孔子所言虽如此,而社会多数之习,终不能改,至汉儒乃以鬼神术数之理解经。"

"墨子之道"说:"其学与老子、孔子同出于周之史官,而其说与孔子相反。唯修身,亲士,为宗教所不可无,不能不与孔子同。其他则孔子亲亲,墨子尚贤。孔子差等,墨子兼爱。孔子繁礼,墨子节用。孔子重丧,墨子节葬。孔子说天,墨子天志。孔子远鬼,墨子明鬼。孔子正乐,墨子非乐。孔子知命,墨子非命。孔子尊仁,墨子贵义。殆无一不与孔子相反。然求其所以然之故,亦非墨子故为与孔子相戾;特其中有一端不同,而诸端遂不能不尽异。宗教之理,如算式然,一数改则各数尽改。'墨子学于孔子,以为其礼烦扰而不悦;厚葬靡财而贫民;服伤生而害事。'《淮南子》丧礼者,墨子与孔子不同之大原也。儒家丧礼之繁重,为各宗教所无;然儒家则有精理存焉。儒家以君父为至尊无上之人,以人死为一往不返之事。以至尊无上之人,当一往不返之事,而孝又为政教全体之主纲,丧礼乌得而不重?墨子既欲节葬,必先明鬼。(有鬼神,则身死,犹有其不死者存,故丧可从杀〔简〕。天下有鬼神之教,如佛教,耶教,回教,其丧礼无不简略者。)既设鬼神,则宗教为之大异。有鬼神,则生死轻,

而游侠犯难之风起，异乎儒者之尊生。有鬼神，则生之时暂，不生之时常，肉体不足计，五伦不足重，而平等兼爱之义伸，异乎儒者之明伦。其他种种异义，皆由此起；而孔、墨遂成相反之教焉。"

"三家总论"："老、孔、墨三大宗教，皆起于春秋之季，可谓奇矣。抑亦世运之有以促之也。其后孔子之道，成为国教。道家之真不传。（今之道家皆神仙家。）墨家遂亡。兴亡之故，固非常智所能窥；然亦有可浅测之者。老子于鬼神，术数，一切不取者也。其宗旨过高，非神州之人所解；故其教不能大。孔子留术数而去鬼神，较老子为近人矣；然仍与下流社会不合，故其教只行于上等人，而下等人不及焉。墨子留鬼神而去术数，似较孔子更近；然有天志而无天堂之福，有明鬼而无地狱之罪，是人之从墨子者苦身焦思而无报；违墨子者，放辟邪侈而无罚也；故上下之人均不乐之，而其教遂亡。至佛教西来，兼孔、墨之长，而去其短；遂大行于中国，至今西人皆以中国佛教国也。"

第二篇《秦于中国之关系》："秦政之尤大者则在宗教。始皇之相为李斯，司马迁称'斯学帝王之术于荀子'……荀子出于仲弓，其实乃孔门之别派也。观荀子非十二子篇，子思、孟子、子游、子夏，悉加丑诋。而己所独揭之宗旨，乃为性恶一端。夫性既恶矣，则君臣，父子，夫妇，兄弟，朋友之间其天性本无所谓忠孝慈爱者，而弑夺杀害，乃为情理之常。于此而欲保全秩序，舍威刑劫制，末由矣。本孔子专制之法，行荀子性恶之旨，在上者以不肖持其下，无复顾惜；在下者以不肖自待，而蒙蔽其上。自始皇以来，积二千余年，国中社会之情状，犹一日也。社会若此，望其乂安，自不可得……不能不叹秦人择教之不善也，然秦之宗教，不专于儒。大约杂采其利己者用之。神仙之说，起于周末，言人可长生不死，形化上天，此为言鬼神之进步。而始皇颇信其说，卢生、徐市之徒，与博士，诸生并用。中国国家，无专一之国教；孔子，神仙，佛，以至各野蛮之鬼神，常并行于一时一事之间；殆亦秦人之遗习与？"

"儒家与方士之糅合"说："观秦汉时之学派，其质干有三：一、儒家，二、方士，三、黄老，一切学术，均以是三者离合而成之。……而儒家尊君，君者，王者之所喜也。方士长生，生者亦王者之所喜也。二者既同为王者之所喜，则其势必相妒，于是各盗敌之长技以谋独擅；而二家之糅合成焉。"

"儒家与方士分离即道教之原始"说:"鬼神术数之事,虽暂为儒者所不道。而此欢迎鬼神术数之社会,则初无所变更。故一切神怪之谈,西汉由方士并入儒林;东汉再由儒林分为方术,于是天文,风角,河洛,风星之说,乃特立于六艺之外,而自成一家。后世相传之奇事灵迹,全由东汉人开之。……及张道陵起,众说乃悉集于张氏,遂为今张天师之鼻祖,然而与儒术无与矣。"

"三国末社会之变迁"说:"循夫优胜劣败之理,服从强权,遂为世界之公例,威力所及,举世风靡,弱肉强食,视为公义。于是有具智仁勇者出,发明一种抵抗强权之学说,以扶弱而抑强。此宗教之所以兴,而人之所以异于禽兽也。佛教,基督教,均以出世为宗,故其反抗者在天演。神州孔墨皆详世法,故其教中,均有舍身救世之一端。虽儒侠道违,有如水火;而此一端,不能异也。顾其为道,必为秉强权者之所深恶,无不竭力以磨灭之。历周秦至魏晋,垂及千年,上之与下,一胜一负,有如回澜。至司马氏而后磨灭殆尽。其兴亡之故,中国社会至大之原因也。"

看所引几条,夏氏宗教哲学的大意,也可见一斑了。

这时代的国学大家里面,认真研究哲学,得到一个标准,来批评各家哲学的,是余杭章炳麟。章氏自叙"思想变迁之迹"道:"少时治经,谨守朴学;所疏通证明者,在文字器数之间。虽尝博观诸子,略识微言,亦随顺旧义耳,遭世衰微,不忘经国;寻求政术,历览前史;独于荀卿、韩非所说,谓不可易。自余闵眇之旨,未暇深察。继阅佛藏,涉猎'华严','法华','涅槃'诸经,义解渐深,卒未窥其究竟,及因系上海,三岁不觌;专修慈氏世亲之书。此一术也,以分析名相始,以排遣名相终。从入之途,与平生朴学相似;易于契机。解此以还,乃达大乘深趣。私谓释迦玄言,出过晚周诸子,不可计数,程朱以下,尤不足论。既出狱,东走日本……旁览彼土所译希腊、德意志哲人之书,时有概述邬彼尼沙陀及呔檀多哲学者,言不能详。因从印度学士咨问。梵土大乘已亡,'胜论数论'传习已少;唯呔檀多哲学,今所盛行。其所称述,多在常闻之外,以是数者,格以大乘,霍然察其利病,识其流变。……却后为诸生说庄子,问以郭义敷释,多不惬心;旦夕比度,遂有所得。端居深观而释'齐物',乃与'瑜珈''华严'相会。所谓'摩尼现光,随见异色';'因陀帝纲,摄入无碍';独有庄生明之,而今始探其妙。千载之秘,睹于一曙。次及荀

卿、墨翟，莫不抽其微言。以为仲尼之功，贤于尧舜，其玄远终不敢望老庄矣。癸甲之际，厄于龙泉；始玩爻象，重籀《论语》，明作易之忧患，在于生生；生道济生，而生终不可济；饮食兴讼，旋复无穷，故唯文王为知忧患，唯孔子为知文王。《论语》所说，理关盛衰；赵普称半部《论语》治天下，非尽唐大无验之谈。又以庄证孔，而耳顺，绝四之指，居然可明；知其阶位卓绝，诚非功济生民而已。至于程、朱、陆、王诸儒，终未足以厌望。顷来重绎庄书，眇览'齐物'芒刃不顿，而节族有间，凡古近政俗之消息，社会都野之情状，华梵圣哲之义谛，东西学人之所说，拘者执着而鲜通，短者执中而居间；卒之鲁莽灭裂，而调和之效，终未可睹。……余则操齐物以解纷，明天倪以为量，割制大理，莫不孙顺。程、朱、陆、王之俦，盖与王弼、蔡谟、孙绰、李充伯仲；今若窥其内心，通其名相，是不见全象，而谓其所见之非象则过矣。世故有疏通知远，好为玄谈者；亦有文理密察，实事求是者；及夫主静居敬，皆足澄心；欲当为理，宜于宰世。苟外能利物，内以遣忧，亦各从其志尔。汉宋争执，焉用调人？喻以四民，各勤其业；瑕衅何为而不息乎？下至天教，执耶和华为造物主，可谓迷妄，然格以天倪，所误特在体相；其由果寻因之念，固未误也。诸如此类，不可尽说。执着之见，不离天倪；和以天倪，则妄自破而纷亦解。所谓'无物不然，无物不可'；岂专为圆滑，无所裁量者乎？自揣生平学术，始则转俗成真，终乃回真向俗。"（《菿汉微言》末节）他在哲学上的主张，说得很明白了。

他对于佛教各宗，除密宗、净土宗外，虽皆所不弃，而所注重的是法相。与铁铮书："支那德教，虽各殊途，而根原所在，悉归于一：曰，依自不依他耳。上自孔子，至于孟、荀，性善性恶，互相阋讼。讫宋世，则有程、朱。与程、朱立异者，复有陆、王。与陆、王立异者，复有颜、李。虽虚实不同，拘通异状；而自贵其心，不以鬼神为奥主；一也。佛教行于中国，宗派十数，而禅宗为盛者，即以自贵其心，不援鬼神，与中国心理相合。故仆于佛教，独净土、秘密二宗，有所不敢，以其近于祈祷，猥自卑屈；与勇猛无畏之心相左耳。虽然，禅宗诚斩截矣，而末流沿习，徒习机锋；其高者止于坚定，无所依傍；顾于唯心胜义，或不了解；得其事而造其理，是不能无缺憾。是故推言本原，则以法相为其根核。法相禅宗，本非异趣。达摩初至，即以楞伽传授。惜其后唯学'金刚般若'，而于法相渐疏。唯永明略有此意。今欲返古复始，则楞伽七卷，正为二宗之通邮。……然仆所以独尊法相者，则自有说。盖近世学术渐趋实事求是之涂。自汉学诸公，分条析理远非明儒所企及。逮科学萌芽，而用心益复缜密矣。是故法相之学，于明代则不宜；于近代则甚适；由学术所趋然也。"他本来深于诂言之学，又治唯识；所以很重名学。作"原名"，用唯识来解释荀子正名与墨经；又用因明与墨经及西洋名学相比较，说："大秦与墨子者，其量皆先喻体，后宗。先喻体者，无所容喻依，斯其短于因明。"章氏的哲学，以唯识为基础，以齐物论为作用，所以他不赞成单面乐观的进化论，唱"俱分进化论"。说；"进化之所以为进化者，非由一方直进，而必由双方并进，专举一方，唯言智识进化可耳。若以道德言，则善亦进化，恶亦进化。若以生计言，则乐亦进化，苦亦进化。"

章氏说："仁为恻隐，我爱所推；义为羞恶，我慢所变。"（《菿汉微言》）又说："有我爱，故贪无厌；有我慢，故求必胜于人。"（《国故论衡》辨性上）承认我爱我慢，都有美恶两面。但因为我慢是西洋学者所不注意的，所以特别提出，说："希腊学者括人心之所好，而立真善美三，斯实至陋之论。人皆著我，则皆以为我胜于他，而好胜之念，现之为争。"（《文录》五，《五无论》）所以他的辨性篇，虽然说："孟荀二家，皆以意根为性；意根，一实也，爱慢悉备，然其用之异形，一以为善，一以为恶，皆赽也。"但《五无论》又说："性善之说，不可坚信。人心奴争，根于我见。"他所以取荀卿、韩非。

他说："圆成实自性之当立"，"偏计所执性之当遣"，"有智者所忍可"。"唯依他起自性，介有与非有之间，识之殊非易易。自来哲学宗教诸师其果于建立本体者……于非有中起增益执。……其果于遮遣空名者……于幻有中起损减执。……此二种边执之所以起者，何也？由不识依他起自性而然也。"他用这个标准，来提倡第一义，所以说："欲建立宗教者，不得于万有之中，而计其一为神；亦不得于万有之上，而虚拟其一为神。"又说："今之立教，唯以自识为宗。识者云何？真如即是。唯识实性，所谓圆成实也。而此圆成实者，太冲无象，欲求趋实，不得不赖依他。逮其证得圆成，则依他亦自除遣。"（《建立宗教论》）所以他又有人无我论，五无论（无政府，无聚落，无人类，无众生，无世界）（以上均见《文录》第四）。

但是他以齐物论为作用，又时取"随顺有边"之法。看国内基督教会的流布，在日本时，见彼方学者稗贩欧化的无聊；所以发矫枉的议论。如无神论，国家论，四惑论（一、公理，二、进化，三、唯物，四、自然）等。他说："佛家既言唯识，而又力言无我；是故唯物之说有时亦为佛家所采。……其以物为方便，而不以神为方便者，何也？唯物之说，犹近平等。唯神之说，则与平等绝远也。"所以他作无神论。（《文录》四）他又以执名的比执相为劣。所以说："世之恒言，知相知名者谓之智；独知相者谓之愚。蠕生之人，五识于五尘，犹是也；以不知名故，意识鲜通于法。然诸有文教者，则执名以起愚，彼蠕生者犹舍是。一曰征神教；……二曰征学术；……三曰征法论；……四曰征位号；……五曰征礼俗；……六曰征书契；……（《国故论衡》辨性下）他又说："天下无纯粹自由，亦无纯粹不自由。""自利性与社会性，殊而一"（《读佛典杂记》），都是破执着的。

他又作订孔，道本，道微，原墨，通程，议王，正颜等（均见《检论》），都可当哲学史的材料。他说王守仁是"剀切"，不是"玄远"。说颜元"所学务得皮肤，而总揽之用微"。都是卓见。他那《菿汉微言》的上半卷，用"唯识"证明《易》《论语》《孟子》《庄子》的玄言，也都很有理致，不是随意附会的。

凡一时期的哲学，常是前一时期的反动，或是再前一时期的复活，或是前几个时期的综合，所以哲学史是哲学界重要的工具。这五十年中，没有人翻译过一部西洋哲学史，也没有人用新的眼光来著一部中国哲学史，这就是这时期中哲学还没有发展的证候。直到距今四年前，绩溪胡适把他在北京大学所讲的《中国哲学史大纲》上卷，刊布出来，算是第一部新的哲学史。胡氏用他实验哲学的眼光，来叙述批评秦以前的哲学家，最注重的是各家的辩证法，这正是从前读先秦哲学书者所最不注意的。而且他那全卷有系统的叙述，也是从前所没有的。

胡氏又著有《墨子哲学》，与《墨子小取篇新诂》，全是证明墨子的辩证法的。同时新会梁启超著《墨子学案》一部，也是墨家论理学，占重要部分。

照上文所叙的看起来，我们介绍西洋哲学，整理固有哲学，都是最近三十年间的事业。成绩也不过是这一点。要做到与古人翻译佛典，发挥理学的一样灿烂，应当什么样努力？不想到当这个时代，对于我们整理固有哲学的要求，不但国内，就是西洋学者，也有这种表示。杜威在民国九年北京大学开学时的演说，提出媒合东西文化问题。又在北京大学哲学研究会说："西方哲学偏于自然的研究；东方哲学，偏于人事的研究；希望调剂和合。"（《东西文化及其哲学》二三〇页）中国学者到欧美去游历，总有人向他表示愿意知道中国文化的诚意。因为西洋人对于他们自己的文化，渐渐儿有点不足的感想，所以想研究东方文化，做个参考品。最近……梁漱溟发布了一部《东西文化及其哲学》，是他深研这个问题以后的报告。他对东西文化之差别，下个结论道："西方文化，是以意欲向前要求为其根本精神的；中国文化，是以意欲自为调和持中为其根本精神的；印度文化，是以意欲反身向后要求为其根本精神的。"又对于三方面的人生哲学，下个结论道："西洋生活，是直觉运用理智的；中国生活，是理智运用直觉的；印度生活，是理智运用现量的。"他是断定这三种不同的文化，是不能融合的，"最妙是随问题转移而变其态度。"他说："西洋文化的胜利，只在其适应人类目前的问题。而中国文化，印度文化，在今日的失败……就在不合时宜罢了。……第一路走到今日，病痛百出；今世人都想抛弃他，而走这第二路。……中国文化复兴之后，将继之以印度文化。于是古文明之希腊、中国、印度三派，竟于三期间次第重现一遭。"他又决定我们中国人现在应持态度道："第一，要排斥印度的态度，丝毫不能容留。第二，对于西方文化，是全盘承受。……第三，批评的把中国原来态度重新拿出来。"

文化问题，当然不但是哲学问题，但哲学是文化的中坚。梁氏所提出的，确是现今哲学界最重大的问题；而且中国人是处在最适宜于解决这个问题的地位。我们要想解决他，是要把三方面的哲学史细细检察，这三种民族的哲学思想，是否绝对的不能并行？是否绝对的不能融合？梁氏所下的几条结论，当然是他一个人一时的假定，引起我们大家研究的兴趣的。我所以介绍此书，就作为我这篇《五十年来中国之哲学》的末节。

真　善　美

（一九二七年）

无论何人，总不能不有是非、善恶、美丑之批评，这因心理上有知、意、情三作用，以真善美为目的。三者之中，以善为主，真与美为辅，因而人是由意志成立的。

三者有不能分的时期。因善离了真，不免以恶为善；离了美，不免见善而不能行。例如行路，要达一目的地是善，然夜间不能不用灯，是真；行路易疲，不能不随口唱歌，或赏玩风景，是美。

但也有偏重的。科学家所发明，固然有利人的，然也有杀人的。美术家的唯美主义派，完全不顾善恶的关系。

神学家不必有道德，如培根。道德家或少知识，如徐偃王、宋襄公。文人无行。美术家或与神经病有关。

人类探求真善美的状态，经过三大时期，略如孔德所说：

一、神学时期：神学与宗教

二、玄学时期：悬想哲学

三、科学时期：实证科学与哲学

神话上说自然现象，世界人类原始，是真的方面。说神的事，英雄的事（中国的禹，和美儿诗中的英雄），是善的方面。托诸文学是美的方面。

宗教上　显出以善为目标的态度，而利用真美以助善。戒律，神之赏罚，是善的方面。以灾异为警告（洪水、大旱、异星等），以医术为媒介，以传授常识为职务（欧洲之教会，日本之僧寺），是真的方面。利用名山水、建筑、装饰、文学、音乐等引人入胜，是美的方面。

哲学上　如中国以五行说明一切，印度以四行，希腊以四行或以一行。又如论理学、认识论等。且斐罗沙斐本是爱智的意义。可说是以真为主标。然而伦理学是哲学的一部。中国的哲学都以道德为归宿。直觉论与功利论的聚讼。美学也是哲学的一部。中国《乐记》、《考工记》，诗话，文评，书画赏鉴。希腊哲学家的理论，美学。

科学时代　自然科学，推到文化科学：即社会科学，语言，地理，社会，经济，法律，政治，〔地理〕，历史，人种，民族，都用归纳法。犯罪学，推到精神科学，心理，教育，美学，幽灵学（灵魂学）。

推到文学美术，左拉，印象派，立方派。

推到哲学，法国实证哲学，美国实用哲学。

但是，科学与哲学还是在互相补助时代。

科学偏用归纳法　哲学偏重演绎法 ⎫
科学偏重客观　　哲学偏重主观　　⎬ 然而彼此都不能偏废
科学偏重事实　　哲学偏重理想　　⎭

附说：

最后，关于大学区与大学院之组织法之意义。

区大学名称之标准。

怎样研究哲学

(一九三五年四月十一日)

我们要研究哲学,不能不先考一考哲学的范围。哲学是宗教上分出来的,宗教最盛的时候,把自然现象及人类行为,都加以武断的说明,只许信仰,不许怀疑,后来有怀疑的出来,以对于宗教作半脱离或全脱离的态度,试为不必尽同于宗教的说明,这是哲学的开始。哲学的开始时候,把解释自然现象与人类行为的责任,统统担负起来,如希腊的雅里士多德、英国的培根都是如此,这是哲学范围最广的时候。后来解说自然现象的科学渐渐成立了,如物理、化学、地质、天文、动物、植物等等,于是哲学的范围缩小一部分了。后来解释人类行为的科学,如历史、社会、语言、政治、法律等等,也渐渐成立了,于是哲学范围又缩小一部分了。最后心理学以应用实验方法而成为独立的科学,教育学、美学跟着起来,也有成为实验科学的趋势,伦理学也试用归纳法,于是哲学的范围乃更小了。

哲学的范围,虽因科学的成立,而渐次缩小,然哲学与科学的关系,乃日益密切。盖科学建设的初期,虽局于微小的测验与比较,而发展以后,积理日多,欲构成一贯的理论,就往往涉及哲学领域。是以有一科的哲学,如数理哲学、法律哲学。有综合自然科学的哲学,如自然哲学是。有综合自然科学与社会科学而构成系统的,如斯宾塞尔的综合哲学、孔德的实验哲学是。至于纯粹的玄学家,似乎超科学的,然而以直观建设玄学的柏格逊,虽屡言偏重理知的流弊,而他所引用的例证,还是取资于科学,这可见哲学与科学的密接了。

至于研究哲学的开始,照叶青先生说的,先读哲学概论与哲学史,是最好的,读了这类书以后,于哲学大概与从前哲学家的派别,都知道一点了。若觉得有一派特别可喜的，就可搜罗这一派的书详细阅读，若觉得没有一派满意的，可取再详细一点的哲学史再看，或者可以引起兴趣。至于研究的范围，亦不必太拘泥，若本来有一种科学的特长的，就可从此入手。如达尔文从生物学进行，罗素从数学进行是。若对于各科学，本没有特别嗜好，而就从哲学上进行，也可分"博"、"约"两种，博的是各方面都顾到的，如翁特著有论理学、伦理学、心理学、及其他民族心理、哲学入门等书，阿亭著有纯粹论知的名学、纯粹意志的伦理学、纯粹感情的美学等。约的是偏于一方面，如洛克的偏于认识论，克洛绥的偏于美学等。总之，研究的对象，全可自由决定，并不受何等拘束的。

何谓文化

（一九二一年二月十四日）

我没有受过正式的普通教育，曾经在德国大学听讲，也没有毕业，那里配在学术讲演会开口呢？我这一回到湖南来，第一，是因为杜威、罗素两先生，是世界最著名的大哲学家，同时到湖南讲演，我很愿听一听。第二，是我对于湖南，有一种特别感想。我在路上，听一位湖南学者说："湖南人才，在历史上比较的很寂寞，最早的是屈原；直到宋代，有个周濂溪；直到明季，有个王船山，真少得很。"我以为蕴蓄得愈久，发展得愈广。近几十年，已经是湖南人发展的时期了。可分三期观察：一是湘军时代：有胡林翼、曾国藩、左宗棠及同时死战立功诸人。他们为满洲政府尽力，消灭太平天国，虽受革命党菲薄，然一时代人物，自有一时代眼光，不好过于责备。他们为维持地方秩序，保护人民生命，反对太平，也有片面的理由。而且清代经康熙、雍正以后，汉人信服满人几出至诚。直到湘军崛起，表示汉人能力，满人的信用才丧尽了。这也是间接促成革命。二是维新时代：梁启超、陈宝箴、徐仁铸等在湖南设立时务学堂，养成许多维新的人才。戊戌政变，被害的六君子中，以谭嗣同为最。他那思想的自由、眼光的远大，影响于后学不浅。三是革命时代：辛亥革命以前，革命党重要分子，湖南人最多，如黄兴、宋教仁、谭人凤等，是人人知道的。后来洪宪一役，又有蔡锷等恢复共和。已往的人才，已经如此热闹，将来宁可限量？此次驱逐张敬尧以后，励行文治，且首先举行学术讲演会，表示凡事推本学术的宗旨，尤为难得。我很愿来看看。这是我所以来的缘故。已经来了，不能不勉强说几句话。我知道湖南人对于新文化运动，有极高的热度。但希望到会诸君想想，那一项是已经实行到什么程度？应该什么样的求进步？

文化是人生发展的状况，所以从卫生起点，我们衣食住的状况，较之茹毛饮血、穴居野处的野蛮人，固然是进化了。但是我们的着衣吃饭，果然适合于生理么？偶然有病能不用乩方药签与五行生克等迷信，而利用医学药学的原理么？居室的光线空气，足用么？城市的水道及沟渠，已经整理么？道路虽然平坦，但行人常觉秽气扑鼻，可以不谋改革么？

卫生的设备，必需经费，我们不能不联想到经济上。中国是农业国，湖南又是产米最多的地方，俗语说"湖广熟，天下足"，可以证明。但闻湖南田每亩不过收谷三石，又并无副产。不特不能与欧美新农业比较，就是较之江浙间每亩得米三石，又可兼种蔬麦等，亦相差颇远。湖南富有矿产，有铁，有锑，有煤。工艺品如绣货、瓷器，亦皆有名。现在都还不大发达。因为交通不便，输出很不容易。考湖南面积比欧洲的瑞士、比利时、荷兰等国为大，彼等有三千以至七千启罗迈当的铁路，而湖南仅占有粤汉铁路的一段，尚未全筑，这不能不算是大缺陷。

经济的进化，不能不受政治的牵掣。湖南这几年，政治上苦痛，终算受足了。幸而归到本省人的手，大家高唱自治，并且要从确定省宪法入手，这真是湖南人将来的生死关头。颇闻为制宪机关问题，各方面意见不同，此事或不免停顿。要是果有此事，真为可惜。还望大家为本省全休〔体〕幸福计，彼此排除党见，协同进行，使省宪法得早日产出，自然别种政治问题，都可迎刃而解了。

近年政治家的纠纷，全由于政客的不道德，所以不能不兼及道德问题。道德不是固定的，随时随地，不能不有变迁，所以他的标准，也要用归纳法求出来。湖南人性质沈毅，守旧时固然守得很凶，趋新时也趋得很急。遇事能负责任，曾国藩说的"扎硬寨，打死仗"，确是湖南人的美德。但也有一部分的人似带点夸大、执拗的性质，是不可不注意的。

上列各方面文化，要他实行，非有大多数人了解不可，便是要从普及教育入手。罗素对于俄国布尔塞维克的不满意，就是少数专制多数。但这个专制，是因多数未受教育而起的。凡一种社会，必先有良好的小部分，然后能集成良好的大团体。所以要有良好的社会，必先有良好的个人，要有良好的个人，就要先有良好的教育。教育并不是专在学校，不过学校是严格一点，最初自然从小学入手。各国都以小学为义务教育，有定为十年

的,有八年的,至少如日本,也有六年。现在有一种人,不满足于小学教育的普及,提倡普及大学教育。我们现在这小学教育还没有普及,还不猛进么?

若定小学为义务教育,小学以上,尚应有一种补习学校。欧洲此种学校,专为已入工厂或商店者而设,于夜间及星期日授课。于普通国语、数学而外,备有各种职业教育,任学者自由选习。德国此种学校,有预备职业到二百余种的。国中有一二邦,把补习教育规定在义务教育以内,至少二年。我们学制的乙种实业学校,也是这个用意,但仍在小学范围以内。于已就职业的人,不便补习。鄙意补习学校,还是不可省的。

进一步,是中等教育。我们中等教育,本分两系:一是中学校,专为毕业后再受高等教育者而设;一是甲种实业学校,专为受中等教育后即谋职业者而设。学生的父兄沿了科举时代的习惯,以为进中学与中举人一样,不筹将来能否再进高等学校,姑令往学。及中学毕业以后,即令谋生,殊觉毫无特长,就说学校无用。有一种教育家,遂想在中学里面加职业教育,不知中等的职业教育,自可在甲种实业学校中增加科目,改良教授法,初不必破坏中学本体。又现在女学生愿受高等教育的,日多一日,各地方收女生的中学很少,湖南止有周南代用女子中学校一所,将来或增设女子中学,或各中学都兼收女生,是不可不实行的。

再进一步,是高等教育。德国的土地比湖南止大了一倍半,人口多了两倍,有大学二十。法国的土地,比湖南大了一倍半,人口也止多了一倍半,有大学十六。别种专门学校,两国都有数十所。现在我们不敢说一省,就全国而言,只有国立北京大学,稍为完备,如山西大学,北洋大学,规模都还很小。尚有外人在中国设立的大学,也是有名无实的居多。以北大而论,学生也只有两千多人,比较各国都城大学学生在万人以上的,就差得远了。湖南本来有工业、法政等专门学校,近且筹备大学;为提高文化起见,不可不发展此类高等教育。

教育并不专在学校,学校以外,还有许多的机关。第一是图书馆。凡是有志读书而无力买书的人,或是孤本、抄本。极难得的书,都可以到图书馆研究。中国各地方差不多已经有图书馆,但往往止有旧书,不添新书。并且书目的编制,取书的方法,借书的手续,都不便利于读书的人。所以到馆研究的很少。我听说长沙有一个图书馆,不知道内容什么样?

其次是研究所。凡大学必有各种科学的研究所，但各国为便利学者起见，常常设有独立的研究所。如法国的巴斯笃研究所，专研究生物化学及微生物学，是世界最著名的。美国富人，常常创捐基金，设立各种研究所，所以工艺上新发明很多。我们北京大学，虽有研究所，但设备很不完全。至于独立的研究所，竟还没有听到。

其次是博物院。有科学博物院，或陈列各种最新的科学仪器，随时公开讲演，或按着进化的秩序，自最简单的器械，到最复杂的装置，循序渐进，使人一览了然。有自然历史博物院，陈列矿物及动植物标本，与人类有关人生理病理的遗骸，可以见生物进化的痕迹，及卫生的需要。有历史博物院，按照时代，陈列各种遗留的古物，可以考见本族渐进的文化。有人类学博物院，陈列各民族日用器物、衣服、装饰品以及宫室的模型、风俗的照片，可以作文野的比较。有美术博物院，陈列各时代各民族的美术品，如雕刻、图画、工艺、美术、以及建筑的断片等，不但可以供美术家的参考；并可以提起普通人优美高尚的兴趣。我们北京有一个历史博物馆，但陈列品很少。其余还没有听到的。

其次是展览会。博物院是永久的，展览会是临时的。最通行的展览会，是工艺品、商品、美术品，尤以美术品为多。或限于一个美术家的作品，或限于一国的美术家，或征集各国的美术品。其他特别的展览会，如关于卫生的、儿童教育的，还多。我们前几年在南京开过一个劝业会，近来在北京、上海，开了几次书画展览会，其余殊不多见。

其次是音乐会。音乐是美术的一种，古人很重视的。古书有《乐经》、《乐记》。儒家礼、乐并重，除墨家非乐外，古代学者，没有不注重音乐的。外国有专门的音乐学校，又时有盛大的音乐会。就是咖啡馆中，也要请几个人奏点音乐。我们全国还没有一个音乐学校，除私人消遣，沿照演旧谱，婚丧大事，举行俗乐外，并没有新编的曲谱，也没有普通的音乐会，这是文化上的大缺点。

其次是戏剧。外国的剧本，无论歌词的，白话的，都出文学家手笔。演剧的人，都受过专门的教育。除了最著名的几种古剧以外，时时有新的剧本。随着社会的变化，时有适应的剧本，来表示一时代的感想。又发表文学家特别的思想，来改良社会，是最重要的一种社会教育的机关。我们各处都有戏馆，所演的都是旧剧。近来有一类人想改良戏剧，但是学力不

足，意志又不坚定，反为旧剧所同化，真是可叹。至于影戏的感化力，与戏剧一样，传布更易。我们自己还不能编制，外国输入的，又不加取缔，往往有不正当的片子，是很有流弊的。

　　其次是印刷品，即书籍与报纸。他们那种类的单复，销路的多寡，与内容的有无价值，都可以看文化的程度。贩运传译，固然是文化的助力，但真正文化是要自己创造的。

　　以上将文化的内容，简单的说过了。尚有几句紧要的话，就是文化是要实现的，不是空口提倡的。文化是要各方面平均发展的，不是畸形的。文化是活的，是要时时进行的，不是死的，可以一时停滞的。所以要大家在各方面实地进行，而且时时刻刻的努力，这才可以当得文化运动的一句话。

东西文化结合
——在华盛顿乔治城大学演说词

（一九二一年六月十四日）

当一九一九年九月间国立北京大学行暑假后开学式，请杜威博士演说。彼说"现代学者当为东西文化作媒介，我愿尽一分子之义务，望大学诸同人均尽力此事"云云。此确为现代的重要问题。其中包有两点：（一）以西方文化输入东方；（二）以东方文化传布西方。

综观历史，凡不同的文化互相接触，必能产出一种新文化。如希腊人与埃及及美琐波达米诸国接触，所以产生雅典的文化。罗马人与希腊文化接触，所以产出罗马的文化。撒克逊人、高卢人、日耳曼人与希腊、罗马文化接触，所以产出欧美诸国的文化。这不是显著的例证么？就在中国，与印度文化接触后，产出十世纪以后的新文化，也是这样。

东方各国输入西方文化，在最近一世纪内，各方面都很尽力。如日本，如暹罗，传布的很广。中国地大人众，又加以四千余年旧文化的抵抗力，输入作用，尚未普及。但现今各地方都设新式学校，年年派学生到欧美各国留学，翻译欧美学者的著作，都十分尽力。我想十年或二十年后，必能使全国人民都接触欧美文化。

至于西方文化，固然用希伯来的基督教与希腊、罗马的文化为中坚，但文艺中兴时代，受了阿拉伯与中国的影响，已经不少。到近代，几个著名的思想家，几乎没有不受东方哲学的影响的。如 Schopenhauer 的厌世哲学，是采用印度哲学的 Nietsche〔Nietzsche〕的道德论，是采用阿拉伯古学的。Tolstoy 的无抵抗主义，是采用老子哲学的。现代 Bergson 的直觉论，也是与印度古代哲学有关系的。尤〈其〉是此次大战以后，一般思想界，

对于旧日机械论的世界观,对于显微镜下专注分析而忘却综合的习惯,对于极端崇拜金钱、崇拜势力的生活观,均深感为不满足。欲更进一步,求一较为美善的世界观、人生观,尚不可得。因而推想彼等所未发见的东方文化,或者有可以应此要求的希望。所以对于东方文化的了解,非常热心。

我此次游历,经欧洲各国,所遇的学者,无不提出此一问题。举其最重要者,如德国哲学家 Eucken 氏,深愿依 Dewey、Russell 的前例,往中国一游。因年逾七十,为其夫人所阻。近请吾友张嘉森(C. S. Chang)译述中国伦理旧说,新著《为中国人的伦理学》一书。法国的数学家 Painleve 氏既发起中国学院于巴黎大学,近益遍访深通中国学术的人延任教授。英国的社会学家 Wells 教授与其同志与我约,由英、华两方面各推举学者数人,组织一互相报告的学术通讯社,互通学术上的消息。欧洲学者热心于了解东方文化,可见一斑了。至于欧洲新派的诗人,崇拜李白及其他中国诗人,欧洲的新派图画家,如 Impressionism、Expressionism 等,均自称深受中国画的影响,更数见不鲜了。

加以中国学者,近亦鉴于素朴之中国学说或过度欧化的中国哲学译本,均不足以表示东方文化真相于欧美人。现已着手用科学方法整理中国旧籍而翻译之,如吾友胡适的《墨子哲学》,是其中的一种。

照这各方面看起来,东西文化交通的机会已经到了。我们只要大家肯尽力就好。

汉字改革说

(一九二二年八月二十日)

汉字的不能不改革，我也早有这种感想，曾于九年六月十三日在国语讲习所，把我在注音字母未规定以前的意见发表过。我今先抄在下面：

"在我个人意见，国音标记，最好是两种方法：一是完全革新的，就是用拉丁字母……；一是为接近古音起见，简直用形声字上声的偏旁（就是用声母）来替代一切合体的字。"

我至今还是抱这种见解，而且以为是并行不悖的。我现在分别说明理由。

第一　用拉丁字母的理由

拉丁字母的主张，可以有两种疑问：

（一）为甚么要废现行的楷书，另有拼音字？我的答案如下：

（甲）楷书没有线索，要一个一个的硬记，很不易学。

（乙）楷书是下行的，读时很费目力。各行又是自右到左，写时很不方便。

（丙）楷书的打字机，很不易造。现在通用日本人所造的，字数还是不足，面积已经太大！

若改用拼音字，这三种困难都没有了。

（二）为甚么不就用注音字母，定要改用拉丁字母？我的答案如下：

（甲）注音字母就是画数最少的楷书，还是适于下行的；若改为旁行，与楷书的旁行相似，不好看。

（乙）现今的文词免不了引用或附注外国词句；若用注音字母，与西文相间，也不好看。

（丙）现今的学生，至少要学一种西文；若国文拼音的字母与西文相同，学西文就容易得多。

（丁）注音字母虽然可以造打字机；但用拉丁字母，就可利用英法的打字机，不必别造。

所以我以为：汉字既然不能不改革，尽可直接的改用拉丁字母了。

第二　用声母的理由

（一）为甚么用了拼音字还要学汉字的声母呢？人类是历史的动物，一切言动都离不了他们历史上的关系。不见章太炎所著《新方言》考出各地口语往往合于古字么？不见木工、金工、织工所用的花纹常常有吉寿等字么？而且各种学问，均不能不把从前已有的材料汇集起来，我们这许多的古书，能都用拼音字译出么？将来地底发掘出来的材料一定多有汉字，能不考证他么？所以拼音字普及以后，中学校的高级还不能不学一点汉字，怕得比西人学拉丁文还要重一点呢！但为减除硬记汉字的困难，所以主张第一步但学声母。

（二）甚么是声母？《说文解字》有九千文字。除了象形、指事、会意三类以外，都是形声字。形声字约占总数的十分之九，此外后出的字，更有百分之九十九是形声字。我们把《说文解字》所有的非形声字选出来，有一千二百八十多个（中有二百四十几个是独立的，并不作形声字的偏旁。现在为简便起见，也算在声母里面，因他们也有可以当声母的资格）。减去不常用的"皕""龘""夬""曰"等，一百九十多个，添上省声字不容易看出的"羔""哭""家""席"等，约三十个，又添上形声字不容易看出声母的"必""甫""部""少"等，约十个，通共不过一千一百多字。

（三）怎么样应用声母呢？

（甲）凡有形声字，都把形一面省去了，但写声母。例如："桐""铜"等字，都写作"同"；"竽""盂"等字，都写作"于"。因为形声字的形，本来性质不齐；即如从"水"从"山"的字，或是通名，或是专名，或是动词，或是静词；但看偏旁，还是不能断定，去了并没有甚么不便。

（乙）省形取声，要把恢复古音作前提。譬如"工"字，在"广韵"是古红切，从"工"的字"红"是户公切，"江"是古双切，照这样读法，工字怎么可以代红江等字呢？所以一定要恢复古音，不但"女红"可读作"女工"，就是"长江"也要读作"长工"；因为这种汉字课程，专为读书起见，不妨与口语两样。

（丙）编一部完备的字书。字书的体例如下：

子、按古音分部，照最近章太炎、黄侃、钱玄同诸君的意见，分为二十八部。

丑、每部中各声母，按神珙旧例，以喉、舌、唇、齿为次序。

寅、每一声母的后面，按画数多少，列从此得声的字；先列《说文解字》所有的，次列后出的。

卯、每一字必要把古文、籀文、小篆、隶、楷各体按时代列举；钟鼎款识，经名家考定的也可采用。

辰、每一字必要把古代声训，读如，读若，与各种反切，都照声音转变的次序列举出来。每部又须列举古韵实例。凡古书异本上文异声近的，也列入此项。

巳、每一字必要先列本义，次引申义、次假借义。

午、凡一字与他字连成一词的，都附载各字的后面。于第一见时，详细解释，于第二见以上，注明第一见的叶数。

未、编各种检字本；或按《说文解字》部首，或按画数，或读音次序。

我想，有了声母的教程同适宜的字书，要学汉字，也就不很难了。

以上是我向来对于汉字改革的两种主张。到今日也还没有改变。所以写出来充国语研究会"汉字改革号"的篇幅。

中国的文艺中兴
——在比利时沙洛王劳工大学演说词

（一九二三年十月十日）

（上略）鄙人今日的讲题，为《中国的文艺中兴》。中国虽离欧洲很远，而且中国的语言文字，欧洲人很不易懂，因此中国人的思想，很难传过欧洲来。在西方所得到的中国消息，多是由游客的记述、多少著作家对于中国的著作、和日常报纸所录的短小新闻等等得来。但游历的人往往仅在中国居住几个月，就以为游完中国，他们所见的，自然多是皮毛的事。描写中国的著作家，大多数也是没有很精深的观察的。至于日常报纸的新闻，真实的地方更少。所以中国的真面目，往往被他们说错。

考欧洲的群众，多以为中国是一个很秘密的、不可知的地方。其实照懂得欧洲也懂得中国的人看来，中国和欧洲，只表面上有不同的地方，而文明的根本是差不多的。倘再加留意，并可以察出两方文明进步的程序，也是互相仿佛的。至于这方面的进步较速，那方较迟，是因为环境不同等等的缘故。欧洲历史上邻近的国家，大都已经有很高的文明，欧洲常可以吸收他们的文化，故"文艺的中兴"，在欧洲久已成为过去事实。至于中国，则所有相近的民族，除印度以外，大都绝无文明可言。数千年来，中国文明只在他固有的范围内、固有的特色上进化，故"文艺的中兴"，在中国今日才开始发展。

鄙人今试将中国文明在时间上进化的程序说来，并将他和欧洲文明进化的程序略为比较。欧洲文化最远，推源埃及，其次是希腊、罗马。后来容纳希伯来文化，演成中世纪的经院哲学（Scolastique）。后来又容纳阿拉伯文化，并回顾希腊、罗马文化，演成文艺中兴的学术（Renaissance）。

仅此科学、美术，积渐发展，有今日的文明。

中国的文化，自西历纪元前二十七世纪至二十世纪，有农、林、工、商等业，有封建与公举元首的制度，有法律，有教育制度，有天文学、医学，有音乐、雕刻、图画，正与埃及相类。

从纪元前十二世纪到三世纪，所定的制度，见《周礼》一书的，从饮食、衣服、居室，到疗病、葬死，都有很详明的规划；农业上已经有地质学、化学的预备；工业上开矿、冶金、陶器等，都已有专门的研究；教育上自小学以至大学，粗具规模，且提倡胎教方法；美术上音律的调节，色彩与花纹的分配，材料与形式的选择，都很有合于美术公例的。那时候，说水、火、木、金、土五行的箕子，很像说天气水土四元的 Empedocles；专以人生哲学为教育，而以问答为教授的孔子，很像 Socrates；由玄学演出处世治事方法的老子、庄子，很像 Plato；以数学、物理学、论理学、政治学、道德学教人的墨子，很像 Aristotle；其余哲学家、法学家，与希腊、罗马时代学者相像的，还有许多，时代也相去不远。所以这个时期的文明，可以与欧洲的希腊、罗马时代相比较。

从西历纪元一世纪起，印度佛教传入，与老子、庄子的玄学相接近，而暴进一步，所以大受信仰；这一时期内翻译的、著作的都很多，而且建设几种学派，为印度所没有的，比较欧洲的新柏拉图（Neo-Platonism）还要热闹。

十一世纪以后到十七世纪，讲孔子学的学者，采用印度哲学，发展中国固有的学说，他们严正的行为，与 Stoicism 相像；他们深沉的思想，与 Scolastiques 相像。这一时期可与欧洲中古时代的文明相比。

十八世纪起，有许多学者专门研究言语学、历史学、考古学，他们所用的方法，与欧洲科学家一样，这是中国文艺中兴的开端。因为欧洲自然科学的情形，还没有介绍到中国，所以研究的范围小一点儿。直到最近三十年，在国内受高等教育与曾经在欧美留学的学者，才把欧洲的真正文化输入中国，中国才大受影响，与从前接触印度文化相像，也与欧洲人从前受阿拉伯文化的影响相像，这是中国文艺中兴发展的初期。现在中国曾受高等教育而在各界服务的人，大多数都尽力于介绍欧洲文化，或以近代科学方法，整理中国固有的学术，俾适用于现代。国内学校和学生人数，均日有增加。女子教育向来忽略，今亦发展，国内各大学及多少专门学校，

均有女子足迹。除此新式学校外，还有多少旧式学校，继续在乡下传布初级教育。其余每年派往欧美留学的少年男女，以千数百计，这些智识分子，将来都是尽力于文艺中兴事业的。现时所有的进步，本已不少，不过与中国的面积和人口比较起来，还觉得他很稀微。但正是因为面积大，人口多，故只能慢慢儿进步。譬如一小杯水，投糖少许，不久而甜味已透；若水量加多，要得同样的甜味，不但要加糖，还要加溶解的时间。

中国现时大局，觉有些不安，但这也不过是一千九百十年革命应有的结果。这革命以完全改变中国为目的，有改变，当然有些扰乱，暂时这样，不久秩序当然恢复。而且虽有这些政治的扰乱，进步的程序，并没有中辍。近数年来，各种新工厂、银行等增加之数，和对外贸易之数，很可以给我们几个良好的证据。照我个人推想，再加四十年的工夫，则欧洲自十六世纪至十九世纪所得的进步，当可实现于中国。那时候中国文化，必可以与欧洲文化齐等，同样的有贡献于世界。

说到中国将来的乐观，一定有人想起德皇威廉第二的"黄祸论"，以为中国兴盛起来，必将侵略欧洲，为白种人的大害。这也是一种误会。我意欲将中国五千年历史的根本思想说一说，就可以见得中国文化发展后，一定能与欧洲文化融合，而中国人与欧洲人，必更能为最亲切的朋友。试举几条最重要的中国人根本思想如下：

（一）平民主义　照西历纪元前四世纪的学者孟子所说的，中国当纪元前二十四世纪时，君主的后继人，由君王推荐后，必要经国民的承认。以纪元前十二世纪的学者箕子所说的："国王若有大疑，于谋及卿士外，还要谋及庶人。"纪元前十二世纪，已经有大事询众庶的制度，那时候的国王曾经说："天视自我民视，天听自我民听。"纪元前四世纪学者孟子说："民为贵，君为轻。"又说君主的用人、杀人，要以"国人皆曰可用，皆曰可杀"作标准。后来凡有评论君主或官吏的贤否的，没有不以得民心与否作标准的。至于贵族、平民的阶级，纪元前六世纪的学者，如孔子、墨子等已经反对，纪元前四世纪已渐渐革除，纪元前三世纪以后，已一概废绝。凡有政治舞台上人物，不是从同乡选举的，就是由政府考取的。所以前十二年一次革命，就能变君主专制为共和立宪。

（二）世界主义　西元前二十四世纪的君主，已经被历史家称为协和万邦。前六世纪的哲学者孔子，分政治进化为三级：第一级是视本国人为自家人，而视野蛮国为外人；第二级视各种文明国都为自家人，而视野蛮国为外人；第三是野蛮国都被感化为文明国，大小远近合一，人人有士君子的人格，就叫作太平的世界。他的学生曾参作《大学》，就于治国以外，再说平天下。所以中国历代的学者，从没有提倡偏隘的爱国主义的。

（三）和平主义 因为中国从没有持偏隘爱国主义的学说，所以各学者没有不反对侵略政策而赞成德化政策的。西元前二十三世纪的历史家，曾纪一段古事说：虞朝的时候，有苗国不来修好，派兵来打，他仍不服，这边就罢兵兴文治，隔了七十日，有苗就来修好了。前六世纪的孔子说："远人不服，则修文德以来之。"同世纪的墨子主张练兵自卫，对于侵略的国家，比为盗贼。前七世纪已经有人发起弭兵会。前四世纪有一派学者专以运动"非攻"为标帜。孟子说："善战者服上刑。"又有人曰："我善为战大罪也。"后来的文学家，没有不描写战争的苦痛，而讴歌和平时代的。现在因为外国帝国主义的可怕，我们当然提倡体育，想做到人人有可以当兵的资格，然而纯为自卫起见，决不是主张侵略的。

（四）平均主义 现今世界最大的问题，是劳工与资本的交涉。在俄国已经执行最激烈的办法，为各国所恐怖。也有疑中国的鲍尔希维克化的，但中国决用不着这种过虑。中国古代已经有过一个比较他舒服很多的无产制度了。照孟子所说，与纪元二世纪的历史家所记的，中国自西元前二十三世纪到前四世纪，都是行平均地权的制度，就是划九百亩为一方，分作井式，中百亩为公田，外八百亩由八家分受，每家自耕百亩外，又合力以耕公田。人民二十岁受田，六十岁归田。二十岁以下、六十岁以上，皆为国家所养。这种制度，到西元前二十三世纪，才渐渐改变。然而纪元一、五及十一世纪，均有试验恢复，虽没有成功，然可见这种制度，没有极端的死去。而且自纪元前四世纪至纪元后十九世纪，多数政治学者，还是要主张恢复他的。在理论上，相传五千年以前，创立农业的君主，有两句格言："一夫不耕，天下或受其饥；一妇不织，天下或受其寒。"就是人人应作工的意义。后来四世纪的许行，就主张君主要与民并耕，不得自居劳心的阶级，空受人民豢养，那其余的更不待言了。就是孔子也说："不患寡而患不均，不患贫而患不安。"又说："货恶其弃于地也，不必归于己；力恶其不出于身也，不必为己。"总之，均劳逸，均产业，是中国古今的普通思想，说政治的总以"民多甚富，亦无甚贫"为标准，巨富的人

常以财产平均分授于儿女，数传以后，便与常人无异。而且富人必须为族人、亲戚、朋友代谋生利，小的为宗族置义田、设义学，大的为地方办公益及慈善事业。若有自私自利的人，积财而不肯散，人人都看不起他。其次，则富人生活，与贫人之单简几相等。所以中国的贫富阶级，相去终不很远，就是新式的大公司组织输入中国，一方面一切优待工人的善法同时输入，中国人尽量采用。一方面公司股票并不集中于少数人，不能产生欧洲式资本家。若将来平均产业的理论，全世界都能实行的时候，中国自可很和平的行起来，决用不着马克思的阶级战争主义，决没有赤化的疑虑。

（五）信仰自由主义　希腊 Aristotles 曾提出中庸主义，但与欧洲人凡事都趋极端的性质不很相投，所以继承的很少。中国自西元前二十四世纪的贤明的君主，已经提出"中"字作为一切行为的标准。后来前六世纪的孔子极力提倡"中庸"。中庸是没有过、也没有不及，所以两种相反的性质如刚柔和介等类，一到中庸的境界，都没有不可以调和的。故中国从没有宗教战争，如欧洲基督教与回教，或如基督教中新教与旧教的样子。中国有一种固有的祖先教，经儒家修正后，完全变为有意识的纪念，以不神秘为象征，与 Auguste Comte 所提议的人道教相似。旧有的多神教变为道教，并不曾与儒教有多大的冲突；佛教传入以后，也是这样，有注意佛、儒相同的。总之，中国人是从异中求出相同的点，去调和他们，不似欧洲人专从异处着眼。回教传入以后，也是这样；基督教传入以后，也是这样。很有许多书说基督教与儒教的主张有相同的，各教的主持者虽间或有夸张本教攻击异教的理论，但是普通人很少因信仰而起争执的。所以信仰自由主义，在欧洲没有定入宪法以前，在中国早已实行了。

在欧洲，很有人以为中国人排外，尤排异教，常以义和团那事为证据，这也是一种误会。试一研究义和团暴动的远近原因，就可以明白了。我记得义和团动作的前数年，有德国人因两个德国天主教师被杀而占据胶州的事情，德国那一次的横暴，比最近意大利占领希腊哥甫岛还要利害。今次全球反对意大利这个行动，而在德国横压中国那时候，各国没有一句话说反对。所谓公义者，何其善变？不独不反对，而且各国先后效德人的行为，三数年间，中国港口完全为外人所占据。其次，则外国人在中国种种强横，几不视中国人是人的样子。说到外国传教师，则其中固有真正的传教师，然而行动出了他教师范围以外的，不知多少，他们的宗教，大都教人互相亲爱，而他们常常把人民分作种种派别。复次，则他们借政府的力量，常常阻抗中国行政及司法的动作。譬如，遇有他们教民犯罪，为官吏判罚等等，他们居然直来干涉，阻止行刑，或要求放人。诸如此类，说也不尽，到后来凡遇因犯法被法庭搜捕的，多走去外国教堂躲避，教堂变了犯人的安乐国。这种事情，无论中国人难忍，我想在任何国，也无人能忍受的。以上所说的，就是激起义和团暴动的直接或间接的原因。当时适遇满洲皇室中有几个人物，愤外交和战争的失败，或痛恨外人对于中国不公平的行为，常存报复的心。义和团一起，他们于是有机可乘。照此说来，那一次的事情，外人实应负一部分责任。今完全将责任推归于中国，是绝对不公平的。且除直隶及山西一部分，其余全国都没有人赞成，在扬子江流域及南方，外人均受特别的保护。所以义和团暴乱，并非中国一种国民的运动，尤为显明。

照鄙人所见到的中国人根本思想是如此的。所以敢说：中国文艺中兴完成后，中国复兴以后，不独无害于欧洲，而且可与欧洲互相辅助，和尽力赞助国际事业，为人类谋最大的幸福。

社会学与民族学
——在中国社会学社成立会演说词

（一九三〇年五月）

今日是诸位社会学家在这里开全国社会学社的成立会，鄙人承邀参加，非常荣幸。命以演讲，因本来不是研究社会学的人，觉得没有可讲的。不得已，把现在自己喜欢研究的民族学讲一讲，因为民族学与社会学有密切的关系。

社会学的对象，自然是现代的社会。但是我们要知道现代社会的真相，必要知道他所以成为这样的经过：一步步的推上去，就要到最简单的形式上去，就是推到未开化时代的社会。然而文明人的历史，对于未开化时代的社会状况，记得很不详细。我们要推到有史以前的状况，专靠考古学家所得的材料，是不能贯通的。我们完全要靠现代未开化民族的状况，作为佐证；然后可以把最古的社会想象起来。这就是民族学可以补助社会学的一点。

就吾国社会而论，从前有一种钻木取火的习惯，久已失传。在民族学上，知道 Samoa 人、Berneo 人等，均尚有钻木生火的方法。我们从前有结绳而治的习惯，历史上说得很不详细。在民族学上，知道古代墨西歌人与秘鲁人，现代广西瑶人与台湾番人，都有结绳记数的方法。我们的数目，用积画的，只有一二三三的四个字；自五到九，都是借用同音字。从弋的古文，只有弌弍弎的三个字。从民族学上，知道非洲的 Hongo 人等，澳洲的 Melanesia 人等，均用五进法，澳洲的 Papna 人用三进法。就知道我们祖先曾用过五进法，也用过三进法。我们古代有姓氏的分别。姓字从女。商的始祖是简狄，周的始祖是姜嫄。一是吞燕卵而生契，一是履大人迹而生稷。这当然是因契、稷不知道父亲是谁而附会的。在民族学上，知道初民有经过母系制时期的。可推想简狄、姜嫄，都是母系制时代的女主。《春秋左氏传》记郯子的话，称古代纪官，或以龙，或以火，或以云，或以鸟。《说文解字》称：南方蛮闽从虫，北方狄从犬，东方貉从豸，西方羌从羊。并说他们是虫种、犬种、豸种、羊种，都很可疑的。现在从民族学上，知道初民有一种图腾的制度。我们古代的龙官、鸟官等，四方的虫种、犬种等，自然是图腾时代的传说。即此几条，也可见民族学的贡献了。

民族学的名义，在德文是 Völkerkunde。先从英文 Folkolre 译成 Volkskunde，是民族学的意义。又变少数的 Volk 为多数的 Volker，乃成民族学的意义。此学又分叙述的与比较的两种。叙述的民族学，在德文为 Beschreibende Völkerkunde，在各国通行的是 Ethnographie，是希腊语 Ethnos 与 Graphein 两字组成的。比较的民族学，在德文为 Vergleichende Völkerkunde，在各国通用的是 Etnologie，是用希腊语 Ethnos 与 Logos 两字组成的。但美国学者，往往用文化人类学的名，借以别于物理学的人类学。

中央研究院于社会科学研究所中，设有民族学组。前年由颜复礼、商承祖两君加入广西科学考察团，调查凌云县瑶人状况，集得标本四十三件，曾择要编为报告，已出版。去年由林惠祥君往台湾调查番族状况，集得标本一百零四件，亦择要编为报告，在印刷中。

两种调查报告中，可供社会学家参考的，约举如下：

凌云的瑶人分为四种：（一）红头瑶，从前曾以红布裹头的。（二）蓝靛瑶，以种蓝靛为主要职业的。（三）盘古瑶，是崇拜盘古王的。（四）长发瑶，是以发名的。

他们的婚礼：红头瑶男子，多娶表姊妹。蓝靛瑶有族外结婚制，同姓不婚。盘古瑶也是这样。承继权：红头瑶女子，有遗产承继权；蓝靛瑶女子无此权。祖先崇拜：红头瑶用藤枝置神楼为祖先代表。蓝靛瑶于神楼上贴购自汉人的桃符数张，朔、望及季节均焚香。

台湾的番人分为七族：太么族、荫衣设特族、蒲嫩族、朱欧族、阿眉族、派宛族、野眉族。

番社与部落的组织：番社略同于氏族。社中分子多同一血统，或每社

各戴一头目,或数社共拥一头目。头目有世袭的,有由长老公选的。派宛族行长子继权制,男女一律,又有数番社合成部落的家族。有行大家庭制的,如蒲嫩族一家多至六十人以上。有行小家庭制的。为〔如〕太么族一家只数人。唯阿眉及野眉两族,行母系制,余皆用父系制。番族通行一夫一妻制,寡妇未生子的,可再嫁,有子的不许。姓名:太么族与阿眉族没有姓,余皆有姓。姓多用太阳、蝉、狸等。似是图腾遗意。太么族没有姓,儿子的名下,加一个父的名。父早死,由母抚养的,改用母名。父母离婚,子也用母名。婚姻:同姓不婚。蒲嫩族与朱欧族有一种交换婚姻。例如甲家娶了乙家的女,就要把甲家的女嫁与乙家。有买卖婚姻制。男子送衣服、饰物、畜产、土地等于女家。女家认为满足,始得结婚。又有以后男子服务于女家为代价的,如朱欧族是。服务时间的长短,依所定契约。普通一二年后,可以挈妻归家。又有竞争的结婚。太么族中,若二男争一女,就以馘首定胜负,先取得人头者得与女婚。社会制裁:杀伤放火,窃盗诈欺,通奸,破坏契约,违犯习惯等,各族大都认为犯罪。但以对于本社或本族人为限;若行于外社、外族、或汉人,不但非罪,且为勇敢。刑罚:用斩、杀、放逐、抄没、笞刑、擢发(握罪人的发且振摇他)、谴责、赔偿。从前多用死刑与笞殴;现在多用赔偿。断罪:除由头目与公论裁判外,还有一种神判。太么族中,遇曲直不易裁判时,令当事人出而馘首。先得人首者,认为神佑,必直。

现在民族学组的研究员,拟着手于浙闽畲民与东北方通古斯族的调查。将来所得材料,一定也有可以备社会学参考的。我们又聘定德国民族学专家但采尔教授(Professor Dr. T. W. Danzel),他是在汉堡民族学博物馆任非洲部主任,而且在汉堡大学讲授民族学的。他允许替我们选集关于民族学的各种材料,如非、澳、美诸洲未开化民族的标本。同欧洲史前的器物,于本年九月间就职时带来,将为有系统的陈列。那时把我们自己采集的,与欧洲学者所已得的,参互考证,一定可以多有所贡献。当随时再为诸位报告。敬祝全国社会学社成立后,时时进步。

三十五年来中国之新文化

（一九三一年六月十五日）

中国是有旧文化的，四千年以前的文化，为经传所称道的，是否确实，在今日尚是问题。三千年以前的殷虚〔墟〕，已发见铜器时代的文化。二千年前，周代文物灿然，是否受异族文化影响？亦尚在研究中。然两汉文化，固已融和南北，整理百家，自成一系。从汉季到隋、唐，与印度文化接触，翻译宣传，与固有文化，几成对待，但老庄一派，恰相迎合；自宋以后禅学、理学，又同化佛学而成为中国特殊的产物。元、明以来，输入欧风，自天算以外，影响无多；直至近三十五年，始沦浃于各方面，今姑分三节，记叙概略。

一 生活的改良得用食衣住行等事来证明

一、食

吾国食品的丰富，烹饪的优越，孙中山先生在学说中，曾推为世界各国所不及；然吾国人在食物上有不注意的几点：一、有力者专务适口，无力者专务省钱。对于蛋白质、糖质、脂肪质的分配，与维他命的需要，均未加以考量。二、自舍筵席而用桌椅，去刀而用箸后，共食时匙、箸杂下，有传染疾病的危险。近年欧化输入，西餐之风大盛，悟到中国食品实胜西人，唯食法尚未尽善；于是有以西餐方式食中馔的，有仍中餐旧式而特置公共匙、箸，随意分取的；既可防止传染，而各种成分，也容易分

配。又旧时印度输入之持斋法，牛乳、鸡卵，亦在禁例，自西洋蔬食法流行以后，也渐渐改良。

二、衣

中国古代衣冠，过于宽博，足以表示威仪，而不适于运动。满洲服式，便于骑射，已较古服为简便，但那时礼服，夏季有实地纱、麻纱、葛纱的递换；冬季有珍珠毛、银鼠、灰鼠、大毛貂褂等递换，至为繁缛。民国元年，改用国际通用礼服，又为维持国货起见，留长袍、马褂制，为乙种礼服，沿用至今。清代无檐的帽，不适于障蔽日光，故现多采用西式，然妇女戴帽的尚少。男子剪辫，女子剪发，不但可以省却打辫梳头的时间，而且女子也免掉许多的首饰；旧时的"剃头店"，在大都市中，已为新式的"理发处"所战胜。革履也有战胜布履、缎履的趋势，布履缎履的流行，也多数改为左右异向的，不似从前的浑同了。

三、住

吾国住宅，北方用四合式，南方用几进几间式，都有大院落，通光通风，视欧式为胜。然有数缺点：一、结构太散漫（南式尤甚）；二、多用木料，易于引火；三、厕所不洁。所以交通便利的地方，尤以旅馆为甚。又冬季取暖，北方多用煤炉，南方或用炭盆，均有吸入炭酸的危险；现都用有烟筒的煤炉代他，也有用热气管的。个人所用的手炉、足炉，现均用热水瓶或热水袋代他了。

四、行

距今五十年前，已有轮船招商局，但航业推广，至今仍无何等成绩。五十六年前，有吴淞铁道，不久即毁。五十年前，又有唐胥铁道。其他京沪线、沪杭甬线、平汉线、津浦线、北宁线、平绥线等等。大抵是最近三十五年以内所完成的。总计全国铁道，干线长一〇，五八二•七四八公里、支线长一，八二六•五二八公里。最近经营公路，进步颇速。现在已成的共五一，二一〇里。公路亦名汽车路，公路既开，汽车的应用渐广；偶有几处兼行电车，于是北方的骡车，南方的轿子，渐被淘汰。而且航空业也开始试验，将来发展，未可限量。交通既便，旅行的风气渐开；从前止有佞佛的人，假"烧香"、"朝山"等名，游历山水；现则有旅行社代办各种旅行上必需的条件，游人颇为方便，民众也渐知旅行有益于卫生，所以流行渐广。夏季的海水浴场，如北戴河、青岛等；山中的避暑所，如北平的西山、江西的匡庐、杭州的莫干山等,都是三十五年来的新设备。

二 社会的改组此三十五年中均有剧烈的改变

一、家庭

婚姻的关系,旧制以嗣续为立足点,而且认男子为主体,注重于门第的相当;凭"媒妁之言"而用"父母之命"来决定。所以有幼年订婚,甚而至于"指腹为婚"。若结婚而无子,则古代可以出妻,而近代亦许纳妾。自男女平权的理论确定,婚姻的意义,基于两方的爱情,而以一夫一妻为正则。所以男女两方,不论是否经媒妁的绍介,而要待两方相识相爱以后,始征求父母的同意,抑或由父母代为择配,亦必征求子女的同意,而后敢代为决定。有子与否,绝对不足以为离婚的条件;而离婚案乃均起于感情的改变。

夫妇的结合,既以感情为主,于是姑妇的关系,姑嫂的关系,妯娌的关系苟与夫妇的感情有冲突时,均不得不牺牲之;所以大家庭制渐减,而小家庭乃勃兴。

二、教育

小家庭的组织,势不能用旧日家塾法,各延师课其子弟,于是采用西方学制;自幼稚园而小学,而中学,而大学;并旧日设馆授徒,及学官、书院等制,一概改变。是谓新学制。新学制的组织,托始于民元前十年(清光绪二十八年)的学堂章程。自蒙养院以至大学院,规模粗具。其后名称及年限,虽屡有修改,而大体不甚相远。最后一次,于民国十七年规定的是幼稚园以上,小学六年,分初高二级;中学六年,亦分初高两级;大学六年,其上有研究院。与高级小学及中学同等的,尚有补习学校;与中学同等的别有职业学校及师范学校;与大学同等而年限稍减的尚有专修科。

三、印刷业及书业

教育制度既革新,第一需要的,为各学校的教科书。旧式刻版法,旷日持久,不能应急;于是新式的印刷业,应运而兴。最初由欧洲输入的是

石印术，大规模的石印业，如同文书局、图书集成公司等，均为三十五年以前的陈迹。三十五年来最发达的印刷业，为排印法；商务印书馆，即发起于是时，于馆中分设编译、印刷、发行等所，于上海总发行所外，又设分发行所于各地，规模很大。民国元年，中华书局继之而起，最近又有世界书局、大东书局等。

四、工业

印刷业以外，各种新式工厂，同时并起；其数量以民国八年为最盛；依前北京农商部统计，是年有工厂三百三十五所，资本总额为银一万三千三百十二万七千圆。其中以纺织、面粉、铁工、电气等工业为最发展。工厂既兴，于是劳工保护、劳资仲裁等法，亦应时势之需要而实现。

五、商业

商业上的新建设，有银行。取山西帮汇票号而代他。在财政部注册的，现已有六十余所。推行于各地方的，有农民银行，可以矫正典当与小钱店重利盘剥的弊害。又有百货商店，如永安、先施、新新等公司，于购物者至为利便。其规模小而且含有改良作用的，是消费合作社，现亦渐渐流行了。

六、农业

农学的教育设立以后，各地方多有农事试验场与造林区的设置。现在成绩已著的，是新农具的试用，与人造肥料的流行，蚕种改良，亦于江苏、浙江、山东等省已著成效。

七、度量衡新制

度量衡的划一，二十四年前（清光绪三十三年），清政府已有划一度量衡计划，责成农工商部与度支部会订。前二十一年。农工商部奏定两制并用；一为营造尺度平制，一为万国制；民国元年，工商部议决用万国通制为权度标准，经国务会议通过。十八年二月，国民政府颁度量衡法，采用万国公制为标准制；并暂设辅制，称曰市用制。市用制，长度以公尺三分之一为市尺；重量以公斤二分之一为市斤；容量即以公升为市升。

八、政治

孙中山先生在五十年前，已开始革命运动，自称于乙酉年（民元前二十七年）始决倾覆清廷创建民国之志。及乙巳（民元前七年）成立同盟会，以"驱除鞑虏，恢复中华，建立民国，平均地权"四语，列在誓词上,那时候保皇的止想满洲皇室维新变法,排满的止想有汉人代满人而为皇帝;决不想有一个民国,可以实现于中华。但辛亥革命以后,竟能实现,虽有袁世凯的筹安,张勋的复辟,均不能摇动他。民国十四年七月,国民政府在广州成立,实行军政;及定都南京后,于十七年十月试行行政、立法、司法、考试、监察五院制;而于十九年确定为训政时期,对于人民为行使选举、罢免、创制、复决四权的训练。这真是历史上空前的纪录了。

三 学术的演进兹分为科学美术两类

一、科学

科学的研究,除由各大学所设的实验室外,以实业部的地质调查所成立于民国五年,与科学社的生物研究所成立于十一年的为最早。十七年,始有国立中央研究院成立,设研究所凡九所;并设自然历史博物院。十八年,又有国立北平研究院成立;分设六部,今按科学门类,分别叙述如下:

(子)物理学 各大学有理科的,都有物理学一系,近年中央、中山、北京、清华、浙江、燕京诸大学,均有研究的设备。对于电学、光学方面,注意的颇多,爱克斯光线与无线电的研究,各大学进行的已有数处。中央研究院之物理研究所,兼具国家标准局性质,本应有绝对标准的制定;现为目前需要计,先装置副标准,此种基本装置,一、标准时钟;二、比较电阻及电压装置;三、气压温度空气等装置;四、恒频率发电机的装置;五、无线电台;六、铂电阻温度计的装置等。研究工作,为:一、重力测量;二、低压下摩擦生电的试验;三、晶体颤动及高频率电波的研究;四、测量高频电波的研究;五、发生高频电波的研究等。北平研究院理化部物理研究所的研究工作,为:一、中国北部各地经纬度重力加速率及地磁等的测定;二、光带吸收的研究;三、关于镭矿调查及关于镭质放射研究;四、爱克斯光线及近代物理研究;五、无线电。

(丑)化学 国内化学研究机关,约可分为三种:其一、为大学中的

化学系,其中又可分为理学院的化学系,及其余专科的化学系(如属于医学、农学、工学等院的)。其二,关于农工机关的化验处,如商品检验所等处。其三,特设的研究机关,如中央研究院的化学研究所等。理学院的化学系,除教课外,兼进行研究的,为数尚不多;但其中有数大学,确已有研究计划。如中央大学化学系研究室,对于研究,颇有具体计划,例如对于有机综合法的改良;格林耶反应;格鲁太密酸的化学;锌与其合金的研究;有机定性分析的研究等,俱在进行中。中山大学化学系,对于有机化学,亦颇有贡献。清华大学化学系,对于有机综合与理论化学,亦有研究的计划。北京大学及东北大学,对于化学设备,俱颇充足,实验室地位亦宽,颇适宜于研究。至私立大学中化学的设备较充足的,为数亦不少,例如燕京大学、东吴大学、沪江大学、福建协和大学等处,均有可以供给简单研究的设备;所研究的问题,大概属于各种农工业原料的分析,间有及于制造的。至于专科大学的化学系,其中颇有设备甚佳、且为专门研究的。例如北平协和医学院的生物化学系与药物化学系,设备俱佳;生物化学系所研究的,为有机化学与生物化学的关系;理论化学与生物化学的关系;新陈代谢及营养。而药物化学系,对于中国药,如延胡索等,颇有发明。又如北平大学之农业化学系,对于农艺化学诸问题,颇多研究,例如豆饼的营养价值,豆饼食品的制造法,菌类生活素研究,油类脱色法,柿中酸类及无机成分研究等。又如中央大学医学院生物化学系,对于营养化学,研究颇多。至于各处特设的化学机关,其研究范围,较为专一。例如上海商品检验所的化验处,所进行的,有植物油类检验,牲畜正副产品类检验,及其他农产农用品的检验。上海市社会局工业物品试验所,所化验物品,不亚十余种。至于专以研究化学为事的,国立的有中央研究院的化学研究所,北平研究院理化部的化学研究所;私立的有中华工业化学研究所。中央的化学研究所,成立于民国十七年,其工作分四组进行,为:无机理论化学组;有机生物化学组;分析化学组;应用化学组。其研究范围,目前暂限于中国药料、纸料、油脂、陶料诸问题,以图国产原料的应用。同时对于基本化学诸问题,如有机化学综合法,气体平衡,生物发育时的化学及各种分析方法,加以研究。北平的化学研究所,所研究的:一、无机化学中复质化学的研究;二、研究分析国产金石药品;三、研究分析国产化学工艺制造品;四、研究分析河北一带水泉;五、研究分析河北一带土壤；六、研究分析国内各种燃料；七、近代纯粹化学研究。中华工业化学研究所，所研究的，均为工业化学上切要问题，其研究已告段落的，有维他命防腐浆，退色药水，乳化蓖麻子油等。

（寅）地质学　地质研究机关，以北平地质调查所为最早，开办于民国五年。其研究范围，为地质，古生物，矿产。其历年来所办重要事项：一、测制全国地质图，已测成的，有直隶、山东、山西全省及安徽、江苏、热河、绥远这一部。二、调查全国矿产，对于煤铁，尤为注意；有专书及详图。三、研究与地质学有关的各种科学问题，如岩石，矿物等项，现亦有出版物颇多。此外尚有临时调查诸工作，其出版物有汇报、专报、特刊及中国古生物志等各十余种。中央研究院之地质研究所，成立于十七年一月，分四组：一、地层古生物组；二、岩石矿物组；三、应用地质组；四、地象组（包括构造地质及地质物理），其三年来的工作：一、调查湖北矿产；二、与地质调查所分任秦岭山脉地层及地质构造之研究；三、在安徽、江西、江苏、浙江等省研究各地之地层、地质构造与矿产；四、调查中国东海岸岩石现象与海岸的变迁；五、关于地质物理的工作两种，一以扭转天秤研究上海冲积层以下的岩石层；一在室内研究岩石的杨氏弹性常数。两广地质调查所，成立于十六年九月，曾分组至广西、广东各江流域及西沙群岛，并至贵州、四川等处调查地质，成绩甚良。湖南地质调查所，成立不过三年，对于湖南煤田及各种经济矿苗，颇多调查。浙江矿产调查所，成立于十七年，调查本省矿产，兼及土壤、肥料与农产物。江西地质调查所，成立于十七年，在逐渐进展中。至于各大学有地质学系的，为数颇多；较为著名的，如北京大学的地质学系，与北京地质调查所有密切关系；中央、中山两大学的地质学系，均有相当设备，于授课外，调查该校附近的地质。

（卯）生物学　生物学研究机关，以科学社生物研究所为最早，成立于十一年，分两组。一为植物组，研究植物分类与植物生态。对于各省植物调查，尤为注意：例如与浙江大学农学院合作，研究浙省植物；与静生生物调查所合作，调查四川植物；至于浙江天目山、南京紫金山及其他各处之植物生长状况，多在研究中，所采集的各种植物，已经整理鉴别的，有一万种；尚未完全整理的，有二万余。又一组为动物组，其研究范围颇广：一部分为动物神经的研究；一部分为中国各种新种动物的说明；一部

分为中国长江及沿海动物有系统的调查；又一部分为动物形态及生理的研究。历年所采集标本极多；十八年在山东沿海，采得动物标本一万五千余，同年，长江一带，采得标本万余，其中共为千余种；其他各处采集，成绩亦略相等；研究报告，已出版的二十余种。中央研究院自然历史博物馆，成立于十八年，搜罗中国西南部动植物标本，最为丰富。第一次广西科学调查团，采得植物五万份，脊椎及无脊椎动物约九千余份。十八年，复有四川鸟类采集，长江鱼类采集；十九年，组织贵州自然历史调查团，成绩皆极满意。其研究工作，除关于分类研究外，尤注意于中国动植物的分区。印行专著、图谱、丛刊等，约十余种。静生生物调查所，为纪念范静生先生而设，成立于十八年。亦分动植物两部，调查及研究中国动植物分类，旁及经济动植物学与动植物生态学，木材解剖学等，已有出版品四五种。北平研究院植物学研究所，成立于十八年，调查及研究中国北部植物，有出版品二种。中山大学农林学院，有农林植物研究所，成立于十七年；其研究目的，在于求学农植物改良，旁及于分类、分布、生理、生态诸学；其研究材料，大概为中国南部植物，尤注意的是广东植物；出版品有图谱与植物志诸书。至于各大学的生物研究，其性质较为广泛；如清华大学生物学系及生物研究所，除采集外，作生理遗传及生态的研究；对于金鱼研究，颇加注意。厦门大学植物系，除普通研究外，注意福建植物及下等隐花植物与海藻植物。河南大学理学院生物系，为遗传（研究果蝇、豚鼠、兔子）、植物生理、鱼类分类、动物解剖诸研究。又如各省昆虫局，对于各省虫类颇多研究；历史较久的，是江苏省昆虫局，成立于九年。

（辰）天文学　天文学研究机关，以佘山天文台为最早；成立于民元前十二年，其工作：一、测时；二、行星与恒星的摄影研究；三、小行星受木星影响研究。出年报，已至第十七卷。其次，齐鲁大学天文台，成立于民国六年，其工作：一、授时；二、观日月斑点形象。出版品有天文书籍四种。其次青岛观象台天文磁力科，成立于民国十三年，其工作：一、授时；二、天体摄影观测；三、天体位置推算等；出版品有报告书及观象日报。其次为中央研究院天文研究所，成立于民国十六年，其工作：一、首都授时；二、全国授时；三、测量经纬度；四、研究太阳、行星、恒星等；出版品有国历、国民历、天文年历、集刊、别刊等九种。其次为中山大学天文台，成立于民国十八年，其工作：一、授时；二、观测变星；

三、观测太阳斑点。出版品有两月刊。

（巳）气象学　国内各处天文台，俱附设有气象测候所。专研气象的机关，为中央研究院气象研究所及其附属之各气象测候所。其本所研究事业，除普通测候及天文预报外，特别注意于高空研究，历次举放气候，成绩颇佳。现方联络及接收国内各处气象测候所，远至内蒙、新疆等处。今年在首都举行气象会议，到的有三十余团体，议决联络及统一国内测候通讯办法。又开班训练测候人才。其次为上海徐家汇天文台。虽以天文名，而进行工作，大概俱属气候及地震测候，所出报告，种类颇多。其次如南通军山气象台，测候设备亦多。至于青岛观象台、北平观象台及中山大学天文台等，亦皆有气象研究普通设备及各种自记仪器云。

（午）医学　医学研究，以同济大学医学院为最早，其生理学研究馆，成立于民元前十二年，所研究的是心理的生理学，尤注意于中国人与欧洲人的比较，已有出版品数种，其次成立的为解剖学研究馆，成立于民元前四年，所研究的，为东方民族比较解剖学，已有出版品一种。尚有病理学研究馆，专研究中国方面的民族比较病理学；药物学研究馆，研究中国的药物。均附设于宝隆医院。北平协和医学院，隶属于美国罗氏驻华医社，成立于民国十年，经费较充，设备较为完全。该院设十二系：解剖学系，研究解剖、组织、细胞、胚胎、人类诸学；生理学系，研究人类生理；生理化学系，研究有机生物化学新陈代谢、食物化学及营养学；药物学系，研究植物学、有机化学、生理与药物作用的关系；细菌学系，研究细菌学、免疫学；霉菌学系；病理学系；卫生学系；内科学系；外科学系；妇产科学系；眼科学系；爱克斯光学系等，分别用科学方法，研究各种病理，其研究报告，发表于欧美及中国之杂志中，已有百余篇。其他如杭州医院，为热带病及寄生虫的研究；中央大学医学院，与红十字总医院合作，各系教授均有研究，论文散见于各杂志的，已有二十余篇；均为后起而极有希望的。

（未）工程学　工程研究，在中央研究院工程研究所中已设立的，尚只有陶瓷及钢铁两试验场。陶瓷试验场所研究的：一、坯泥的研究；二、瓷泥的分析；三、国内各地瓷泥性质的研究；四、瓷釉的研究。钢铁试验场所研究的：一、采集国内各厂矿所产之生铁与焦炭，试制铸钢与器具钢；二、研究制模手术；三、研究关于冶炼方面各问题；四、研究繁难铸

铁机件。

（申）心理学　北京大学、中山大学、浙江大学均有实验心理学的设备。专设的研究机关，为中央研究院的心理研究所，设在北平，所研究的：一、修订皮纳智力测验；二、研究食品对于神经系发展及学习能力的影响；三、研究大声惊吓对于习得能力的影响；四、研究输精管隔断的各种影响；五、编辑心理学名词。

（酉）历史语言学　中央研究院历史语言研究所设在北平。分三组：第一组，关于史学各方面及文艺考订等；第二组，关于语言学各方面及民间文艺等；第三组，关于考古学、人类学、民物学等。第一组研究标准：一、以商周遗物，甲骨、金石、陶瓦等，为研究上古史的对象；二、以敦煌材料及其他中亚近年出现的材料为研究中古史的对象；三、以内阁大库档案，为研究近代史的对象。其属于个人研究的：一、中国经典时代语言的及历史的研究；二、以流传的及最近发现的梵文手抄本与番经汉藏对勘；三、由蒙文蒙古源流及清文译本，作蒙古源流研究；四、以金石文字校勘先秦的典籍及研究经典上各项问题；五、以古代遗物文字花纹等研究古代文化及民族迁移中所受外来文化的影响；六、编定北平图书馆所藏敦煌卷子目录；七、编定金石书目；八、辑校宋元逸词；九、搜访南明弘光、隆武、永历三朝史料，编纂南明史及南明史的专题研究。第二组所研究的：一、全国各省方言的调查，求知各地方言的分配变迁来源等；二、音档的设置，为保存各地方言材料永久的记录起见，依照德、法各国音档方法，灌收方言话片；三、古代音韵研究；四、西夏研究；五、语言实验室工作，尤注重我国声调的实验。该组已完成的工作，较为重要的：一、慧琳一切经音义反切考；二、猺歌记音；三、厦门音系研究；四、藏歌记音；五、耶稣会士在音韵学上贡献的研究；六、闽音研究。第三组的工作以发掘与老〔考〕订为中心。发掘事项，计河南安阳殷墟三次，山东历城龙山城子崖一次，黑龙江齐齐哈尔石器时代墓葬一次。殷墟与城子崖发掘的效果：一、大宗刻字甲骨的发现；二、大宗陶器、陶片的发现；三、大宗兽骨的发现；四、地层的认识；五、与甲骨文同时的石器、铜器的发现。

（戌）社会科学　社会科学研究的机关，有中央研究院的社会科学研究所，分设四组：一、法制学组；二、经济学组；三、社会学组；四、民族学组。法制学组所研究的：一、陪审制度，已有报告；二、犯罪问题，先从监犯调查入手；三、上海租界问题，就法理与事实两方面详加研究；四、华侨在中外条约上及列国法律上所受的待遇；五、中国近代外交史研究；六、国际法典编纂会议议题研究。经济学组已完成的，有六十五年来中国国际贸易统计。现在所研究的：一、中国国际贸易统计的改进问题；二、中国国际贸易研究；三、杨树浦工人住宅调查；四、统计学名词汇；五、所得税问题。社会学组的工作，现方集中于农村问题：一、计划全国农村调查，先就无锡、保定两处实地调查；二、研究中国农村的封建社会性；三、研究资本主义在中国农村中的发展。出版品：《亩的差异》《黑龙江的农民与地主》等，已有六种。民族学组所研究的：一、广西凌云瑶人的调查及研究；二、台湾番族的调查及研究；三、松花江下游赫哲人的调查及研究；四、世界各民族结绳记事与原始文字的研究；五、外国民族名称汉译；六、西南民族研究资料的搜集。与该所社会学组同年成立，而且有分工互助契约的，是中华教育文化基金董事会所设立的社会调查所，从事社会问题的各项研究与调查，调查工人生活，尤多贡献；出有，《第一次中国劳动年鉴》《指数公式总论》《社会科学杂志》等刊物十余种。其他各大学所研究的，大抵趋重于中外社会现状与其趋势，所有出版物，亦以通论及偏于理论者为多。各种学会，方面较多：如辽宁东北法学研究会，志在发扬本国法律优点，并普及法律知识于民众，所出法学新报及法律常识等杂志，即本此立论；北平朝阳大学法律评论社所出周刊，亦与同调。又如上海东吴大学法律学院注重于中西法律比较的研究；中国社会科学会注重于书报的译述，谋增进民众社会常识；中国经济学社及社会经济研究会，致力于本国经济现状与现代经济问题等，均有特殊的贡献，云。

二、美术

吾国古代乐与礼并重。科举时代，以文学与书法试士，间设画院，宫殿寺观的建筑与富人的园亭，到处可以看出中国人是富于美感的民族。但是近三十五年，于美术上也深受欧洲的影响，分述于下：

（子）美术学校　吾国美术学校，以私立上海美术专门学校为最早，成立于民国元年，初名上海图画美术院，设绘画科两班，学生十二人。是年七月，于正科外设选科。三年，改绘画科为西洋画科。四年一月，增设艺术师范科。九年四月，更名上海美术学院。十年八月，更名上海美术专

门学校。现有中国画、西洋画、艺术教育及音乐四系，学生五百人。继此而起的，有国立美术学校两所。一在北平，一在杭州。北平一校成立于民国七年，初名北京美术学校，设绘画、图案两科。九年，设专门部的图画，手工师范科。十一年改称北京美术专门学校，设国画、西画、图案三系及图画手工师范系。十五年二月又改名国立艺术专门学校，增设音乐戏剧两系。十七年编入北平大学，名为艺术学院，增设建筑系，改图案系为实用美术系，合之音乐、戏剧、国画、西画各系，共成立六系，学生三百五十名。杭州一校成立于民国十七年三月，初名艺术院，设中国画、西洋画、雕塑、图案四系，而外国语用法文。秋，合并中国画及西洋画为绘画系。十八年十月，改名美术专科学校，学生二百二十六人。其非专设的学校而附设于大学的，有国立中央大学教育学院的艺术教育科与艺术专修科。艺术教育科，分国画、西洋画、手工、音乐四组，均四年毕业。艺术专修科，分图画、工艺、音乐三组，为培养中等学校师资而设，三年毕业。

（丑）博物院与展览会　收藏古物与美术品，本属于私人的嗜好。近始有公开的机关，如各地方所设古物保存所就是。其内容较为丰富的，是北平的古物陈列所与故宫博物院。古物陈列所，成立于民国初年，设于乾清门外太和、中和、保和及文华、武英等殿，所陈列的都是奉天、热河两行宫的物品；书画占最多数，更番展览；其他瓷、漆、金、玉的器物，亦为外间所寡有的。故宫博物馆，成立于十四年十月，设于乾清门内各宫殿。故宫的建筑与园林，本有美术的价值；昔为清皇室所占有，自十四年后，次第开放，公诸民众。至于宫中物品，除书籍及档册外，美术品甚多；书画八千余件；陶瓷六千余件；其他铜器、玉器及各种宝石、象牙的器物，以刻镂见长的，为数尤多。除这种永久的陈列所以外，又有一种短期的陈列所，就是展览会。自国内美术学校成立，在国外留学的美术家渐渐回国以后，在大都会中，时时有学校或个人的展览会；其规模较大的，是十六年的北京艺术大会，为北京艺术专门学校所发起，自五月十一日至六月三日，绘画的出品在三千件以上，并有音乐戏剧。其后有十八年的全国美术展览会，为教育部所主持，会场设上海普育堂，四月十日开会，一个月始毕。所陈列的：第一部，书画，千二百三十一件；第二部，金石，七十五件；第三部，西画，三百五十四件；第四部，雕刻，五十七件；第五部，建筑，三十四件；第六部，工艺美术，二百八十八件；第七部，美术摄影，二百二十七件。又有日本美术家出品，八十件。每日并有收藏家分别借陈的古书画。

（寅）建筑术 在欧洲美术学校中有建筑一科。我国各校为经费所限，尚不能设此科，但新式建筑，已经为我国人所采用了。起初用纯粹西式，或美或丑，毫无标准。后来有美国建筑家，窥破纯粹欧式与环境不相调和的弱点，乃创一种内用欧式而外形仍用华式的新格，初试用于南京的金陵大学与金陵女子大学，继又试用于北平的协和医院与燕京大学，被公认为美观。于是北平的国立北平图书馆，南京的铁道部、励志社等皆采此式。将来一切建筑，固将有复杂的变化，但是调和环境的原则，必不能抹杀了。

（卯）摄影术 摄影术本一种应用的工艺，而一人〔入〕美术家的手，选拔风景，调剂光影，与图画相等。欧洲此风渐盛，我国现亦有光社、华社等团体，为美术摄影家所组织的。光社设在北平，成立于十二年，初名艺术写真研究会，十三年改名光社。每年在中央公园董事会开展览会，观众在万人以上，十六年以来，已出年鉴两册。华社设在上海，成立于十六年，曾开展览会数次，印刷品有社员《郎静山摄影集》。上海又有天鹏艺术会，印有《天鹏摄影杂志》。

（辰）书画摹印 摹印古代书画，始于神州国光社，继起的有文明书局及有正书局等。其后商务印书馆及中华书局，也有这种印本，并于碑帖画册以外，兼及屏联堂幅，而故宫博物院所出《故宫》月刊，亦以故宫藏品的摄影，次第公布。其专印新印图画及雕刻的，有《美育》杂志等。

（巳）音乐 自新学制制定以后，学校课程中，就有音乐、唱歌等课，于是师范学校中，亦有此等科目。这是采用西欧乐器与音乐教授法的开始。在艺术学校，亦有设音乐系的。八年，北京大学设音乐研究会。九年，北京女子高等师范学校设音乐科，同时有一种管弦乐的演奏会。十六年十月，始有国立音乐院，成立于上海，十八年改名音乐专科学校，校中设预科、本科，并附设师范科。本科分理论作曲、钢琴、提琴及声乐四组，初学各生，入学后第一年不分组。又有选科，专为对于音乐曾有研究，欲继续专攻一门者而设。该校成立以后，举行教员演奏大会及学生演奏会多次，又有由一部分教员所组织的弦乐演奏会，每月举行一次。九年

一月,北京大学的音乐研究会,曾编印《音乐杂志》,十一年停办。十九年,音乐专科学校又编印《乐艺》季刊。

(午)文学 文学的革新,起于戊戌(民元前十四年)。一方面梁启超、夏曾佑、谭嗣同等用浅显恣肆的文章,畅论时务,打破旧日古文家拘守义法,模仿史、汉、韩、苏的习惯;一方面林獬、陈敬第等发行白话报,输灌常识于民众。但皆不过以此为智育的工具,并没有文学革命的目标。至民国七年,胡适、陈独秀、钱玄同、周作人等始排斥文言的文学,而以白话文为正宗的文学。其中尤以胡适为最猛进,作《白话文学史》以证明白话的声价,于是白话散文逐有凌驾古文的趋势。至于白话诗与剧本,虽亦有创作与翻译的尝试,但未到成熟时期,于社会上尚无何等显著的影响。最热闹的是小说:第一、是旧小说的表彰,如《水浒》《红楼梦》《儒林外史》等,都有人加以新式标点,或考订版本异同。唐以后的短篇,宋以后的平话,或辑成汇编,或重印孤本,均有销行的价值。第二,是外国小说的翻译,林纾与魏易合译英文小说数十种,为兹事发端。最近几年,译本的数量激增,其中如《少年维特之烦恼》《工人绥惠略夫》《沙宁》等,影响于青年的心理颇大。第三是文学家的创作,这一时期中,以创作自命的颇多,举其最著的:鲁迅的《阿Q正传》等,以抨击旧社会劣点为目的,而文笔尖刻,足投时好。而茅盾的《动摇》《追求》《幻灭》,亦颇轰动一时。新进作家沈从文著有《蜜柑集》等,也是被人传诵的。至于文学期刊,最近几年,时作时辍的甚多,其中能持久而自成一派的,如《小说月报》的平正、《语丝》的隽永、《新月》的犀利、《真善美》的凝练,均有可观。

(未)演剧 演剧的改良,发起于留日学生的春柳社,以提倡白话剧为主,译日文剧《不如归》,自编《社会钟》《家庭恩怨》等剧。民国二年公演,四年,即解散。八年,南通设伶工学社,招小学毕业的学生,分戏剧、音乐两班教授,历六年,曾在新式剧场演过。现在广州有戏剧研究所,北平有戏剧专科学校,均偏重旧剧改良。至于白话剧,自春柳社解散以后,仍有人续演,称为文明戏,多浅薄。较为深造的,北平有陈大悲,上海有洪深、田汉,山东有赵太侔,均曾在国外研究戏剧,汉组织南国剧社,太侔组织实验剧院。

(申)影戏 影戏本为教育上最简便的工具,近日各都市盛行的,都以娱乐为最大目的。中国人自编的甚少,且多为迎合浅人的心理而作。输入的西洋影片,亦多偏于富刺激性的。他们的好影响,还不及恶影响多。

(酉)留声机与无线电播音机　留声机传唱本国与外国的歌唱,流行甚广。间亦用以传播遗训,教授外国语。无线电播音机,可以不出门而选听远地的乐歌,亦渐渐流行。

(戌)公园　有国有力者向来专致力于大门以内的修饰,庭园花石,虽或穷极奢侈,而大门以外,如何秽恶,均所不顾。三十五年来,都市中整理道路,留意美化,业已开端;而公园的布置,各县皆有,实为文化进步的一征。如首都的第一公园、莫愁湖公园、五洲公园、北平的中央公园、北海公园等,均于市民有良好的影响,其他可以类推。

综观所述新文化的萌芽,在这三十五年中,业已次第发生,而尤以科学研究机关的确立为要点,盖欧化优点即在事事以科学为基础。生活的改良,社会的改造,甚而至于艺术的创作,无不随科学的进步而进步。故吾国而不言新文化就罢了,果要发展新文化,尤不可不于科学的发展,特别注意呵!

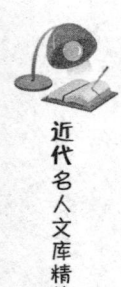

夫 妇 公 约

（一九〇〇年三月）

一、《礼》《中庸》记曰：君子之道，造端夫妇，及其至也，察乎天地。《大学》记曰：欲治其国者，先齐其家。夫妇之伦，因齐家而起。齐者何？同心办事者是也，是谓心交。若乃见美色而悦者，如小儿见彩画而把玩之，文士见佳作而赞叹之耳，是谓目交。心动而淫者，如饥者食，寒者衣耳，是谓体交。男子见美男，女子见美女，皆有目交也。两男之相悦，如娈童。两女之相悦，如粤东之十姊妹。皆有体交也。非限于男与女者也。然而，统计全球之例，目交之事，溥通也而无所禁。如握手、接吻之属，皆目交所推也。而体交之事，限于男与女者何也？曰男子之欲，阳电也；女子之欲，阴电也。电理同则相驱，异则相吸。其相驱也，妨于其体也大矣；其相吸也，益于其体也厚矣。相吸之益，极之生子，而关乎保家，且与保国保种之事相关矣。然而，异电之相吸也，必有择焉，何则？凡体者，皆合众质点而成者也。一体有一体之性质，虽析之极微，而一点之性质与一体同，此人与物之公例也。是故其体有强弱之差者，其所发电力有多寡久暂之差；其神志有智愚之差者，其所发电以成器之性，亦有灵蠢之差，此理之必不可易者也。其电力既有多寡久暂之差矣，而使之吸，则必有所不胜吸焉而驱之，其受驱之害也同。其所以成器者有灵蠢之差矣，而强合之，则必有纯驳之差。譬如熔两金而成器，其一金也，其一铁也，未尝不可范也，然而金者不易蚀，铁者易蚀，铁尽锈而金亦无以自立，即以其金铁所占多寡之差为其器，坚□之差矣。合松与樗而构屋，松者不易朽，樗者易朽，樗朽尽而松不能支，即以其松樗所占多寡之差为其屋，久暂之差矣。是故男女质性不同者，其所生子亦与之为不同，及其所生子之生子也，又

112

有不同矣。呜呼，此人之所以同种而渐趋于异者也。且也，驳性所生之子，其神志不完全矣，甚者，体魄亦不完全也。呜呼！体魄不完全，具耳目者皆知之；神志不完全，则我国所素不讲，而孰知夫弱国弱种之胥由于此也乎！世间夫妇，体交而已耳。目交而惬者，固已不多得矣。呜呼！家道之所以仳离，人种之所以愚弱也。男子之宿娼也，女子之偷期也，皆以目交始，而亦间有心交者也。野合之子，所以智于家生者，此理也。呜呼，世间男女，不遇同心之人，慎勿滥为体交哉。此关雎之所以求之不得而辗转反侧者也。

二、既知夫妇以同心办事为重，则家之中，唯主臣之别而已。男子而胜总办与，则女子之能任帮办者嫁之可也；女子而能胜总办与，则男之〔子〕可任帮办者嫁之亦可也，如赘婿是也。然妇人有生产一事，易旷总办之职，终以男主为正职。地球上国主，亦男主多而女主少。

三、既明主臣之职，则主之不能总办而以压制其臣为事者，当治以暴君之律；臣之不能帮办而以容悦为事者，当治以佞臣之律。

四、传曰：君择臣，臣亦择君。既明家有主臣之义，则夫妇之事，当由男女自择，不得由父母以家产丰俭、门第高卑悬定。

五、持戟之士失伍，则去之；士师不能治士，则已之，为其不能称职也。君有大过，反复之而不听，则去，为其不能称职也。既明家有主臣之义，则无论男主、女主，臣而不称职者，去之可也；主而不受谏者，自去可也。

六、国例，臣之见去与自去者，皆得仕于他国。则家臣之见去与自去者，皆得嫁于他家。

七、所谓同心办事者，欲以保家也。保家之术，以保身为第一义，各保其身，而又互相保者也。

八、保身之术，第一禁缠足。

九、饮食亦保身之至要者也。当依卫生之理，不得徒取滋味而已。

十、衣服亦保身之具也。统地球核之，以满洲服为最宜，宜仿之。髻用苏式，履用西式。

十一、居处亦保身之要也，宜接卫生之理而构造之，且时时游历，以换风气。

十二、保家之术，以生子为第二义。

十三、生子之事，第一交合得时。

十四、生子之事，第二慎胎教。

十五、子既生矣，当养之，一切依保身之理。

十六、养子而不教，不可也。教子之职，六岁以前，妇任之，六岁以后，夫任之。

十七、教子当因其所已知而进之于所未知，以开其思想之路。

十八、教子当令有专门之业，以养其身。

十九、教子不可用威喝朴责，以养其自立之气。

二十、教子不可用诳语，以养其信。

二十一、教子当摒去一切星卜命运仙怪之谈，以正其趣。

二十二、保家之术，不可不谋生计。

二十三、有生计矣，不可不知综核家用，量入为出。

二十四、保家之术，当洞明我国现情及我国与外国交涉之现情，国亡家不能独存也。

二十五、保家之事，如此其繁也，则不可不惜时。男子之征逐也，女子之妆饰也，凡费时而无益者，皆摒节之。

中国伦理学史

（一九一〇年四月二十五日）

序　　例

　　学无涯也，而人之知有涯。积无量数之有涯者，以与彼无涯者相逐，而后此有涯者亦庶几与之为无涯，此即学术界不能不有学术史之原理也。苟无学术史，则凡前人之知，无以为后学之凭借，以益求进步。而后学所穷力尽气以求得之者，或即前人之所得焉，或即前人之前已得而复舍者焉。不唯此也，前人求知之法，亦无以资后学之考鉴，以益求精密。而后学所穷力尽气以相求者，犹是前人粗简之法焉，或转即前人业已嬗蜕之法焉。故学术史甚重要。一切现象，无不随时代而有迁流，有孳乳。而精神界之现象，迁流之速，孳乳之繁，尤不知若干倍蓰于自然界。而吾人所凭借以为知者，又不能有外于此迁流、孳乳之系统。故精神科学史尤重要。吾国夙重伦理学，而至今顾尚无伦理学史。迩际伦理界怀疑时代之托始，异方学说之分道而输入者，如槊如烛，几有互相冲突之势。苟不得吾族固有之思想系统以相为衡准，则益将旁皇于歧路。盖此事之亟如此。而当世宏达，似皆未遑暇及。用不自量，于学课之隙，缀述是编，以为大辂之椎轮。涉学既浅，参考之书又寡，疏漏抵牾，不知凡几，幸读者有以正之。又是编辑述之旨，略具于绪论及各结论。尚有三例，不可不为读者预告。

　　（一）是编所以资学堂中伦理科之参考，故至约至简。凡于伦理学界非重要之流派及有特别之学说者，均未及叙述。

　　（二）读古人之书，不可不知其人，论其世。我国伦理学者，多实践

家，尤当观其行事。顾是编限于篇幅，各家小传，所叙至略。读者可于诸史或学案中，检其本传参观之。

（三）史例以称名为正。顾先秦学者之称子，宋明诸儒之称号，已成惯例。故是编亦仍之而不改，决非有抑扬之义寓乎其间。

目　录

绪论

伦理学与修身书之别　伦理学史与伦理学根本观念之别我国之伦理学　我国伦理学说之沿革　我国之伦理学史

第一期　先秦创始时代

第一章　总论

伦理学说之起原　各家学说之消长

第二章　唐虞三代伦理思想之萌芽

伦理思想之基本　天之观念　天之公理　天之信仰　天之权威　天道之秩序　家长制度　古先圣王之言动　尧　舜　禹　皋陶　商周之革命　三代之教育

（一）儒家

第三章　孔子

小传　孔子之道德　性　仁　孝　忠恕　学问　涵养　君子　政治与道德

第四章　子思

小传　中庸　率性　诚　结论

第五章　孟子

小传　创见　性善说　欲　义　浩然之气　求放心　孝悌　大丈夫　自暴自弃　政治论　结论

第六章　荀子

小传　学说　人道之原　性恶说　性论之矛盾　修为之方法　礼　礼之本始　礼之用　礼乐相济　刑罚　理想之君道　结论

（二）道家

第七章　老子

小传　学说之渊源　学说之趋向　道德　道德论之缺点　因果之倒置　齐善恶　无为之政治　法术之起原　结论

第八章　庄子

小传　学派　世界观及人生观　理想之人格　修为之法内省　北方思想之驳论　排仁义　道德之推移　道德之价值　道德之利害　结论

（三）农家

第九章　许行

小传　义务权利之平等　齐物价　结论

（四）墨家

第十章　墨子

小传　学说之渊源　弟子　有神论　法天　天之爱人利人　道德之法则　兼爱　兼爱与别爱之利害　行兼爱之道　利与爱　兼爱之调摄　勤俭　非攻　结论

（五）法家

第十一章　管子

小传　著书　学说之起原　理想之国家　道德与生计之关系　上下之义务　结论　管子以后之中部思潮

第十二章　商君

小传　革新主义　旧道德之排斥　重刑　尚信　结论

第十三章　韩非子

小传　学说之大纲　性恶论　威势　法律　变通主义　重刑罚　君主以外无自由　以法律统一名誉　排慈惠　结论

第一期结论

第二期　汉唐继承时代

第一章　总说

汉唐间之学风　儒教之托始　道教之托始　佛教之流入　三教并存而儒教终为伦理学之正宗

第二章　淮南子

小传　著书　南北思想之调和　道　性　性与道合　修为之法　善即无为　理想之世界　性论之矛盾　结论

第三章　董仲舒

　　小传　著书　纯粹之动机论　天人之关系　性　性论之范围　教　仁义　结论

第四章　扬雄

　　小传　著书　玄　性　性与为　修为之法　模范　结论

第五章　王充

　　小传　革新之思想　无意志之宇宙论　万物生于自然　气与形形与命　骨相　性　恶　结论

第六章　清谈家之人生观

　　起原　要素　人生之无常　从欲　排圣哲　旧道德之放弃　不为恶　排自杀　不侵人之维我论　反对派之意见　结论

第七章　韩愈

　　小传　儒教论　排老庄　排佛教　性　情　结论

第八章　李翱

　　小传　学说之大要　性　性情之关系　情之起原　至静　结论

第二期结论

第三期　宋明理学时代

第一章　总说

　　有宋理学之起原　朱陆之异同　动机论之成立　功利论之别出　儒教之凝成　思想之制限

第二章　王荆公

　　小传　性情之均一　善恶　情非恶之证明　礼论　结论

第三章　邵康节

　　小传　宇宙论　动静二力　物入凡圣之别　学　慎独　神　性情　结论

第四章　周濂溪

　　小传　太极论　性与诚　善恶　几与神　仁义中正　修为之法　结论

第五章　张横渠

　　小传　太虚　理一分殊　天地之性与气质之性　心性之别　虚心　变化气质　礼　结论

第六章　程明道

　　小传　性善论之原理　善恶　仁　敬　忘内外　诚　结论

第七章　程伊川

小传　伊川与明道之异同　理气与性才之关系　心　养气寡欲　敬与义　穷理　知与行　结论

第八章　程门大弟子

程门弟子　谢上蔡小传　其学说　杨龟山小传　其学说　结论

第九章　朱晦庵

小传　理气　性　心情欲　人心道心　穷理　养心　结论

第十章　陆象山

小传　朱陆之论争　心即理　纯粹之唯心论　气质与私欲　思　先立其大诚　结论

第十一章　杨慈湖

小传　己易　结论

第十二章　王阳明

小传　心即理　知行合一　致良知　仁　结论

第三期结论

附录

戴东原学说　黄梨洲学说　俞理初学说　余论

绪　论

伦理学与修身书之别　修身书，示人以实行道德之规范者也。民族之道德，本于其特具之性质、固有之条教，而成为习惯。虽有时亦为新学殊俗所转移，而非得主持风化者之承认，或多数人之信用，则不能骤入于修身书之中，此修身书之范围也。伦理学则不然，以研究学理为的。各民族之特性及条教，皆为研究之资料，参伍而贯通之，以归纳于最高之观念，乃复由是而演绎之，以为种种之科条。其于一时之利害，多数人之向背，皆不必顾。盖伦理学者，知识之径涂；而修身书者，则行为之标准也。持修身书之见解以治伦理学，常足为学识进步之障碍。故不可不区别之。

伦理学史与伦理学根本观念之别　伦理学以伦理之科条为纲，伦理学史以伦理学家之派别为叙。其体例之不同，不待言矣。而其根本观念，亦

有主观、客观之别。伦理学者,主观也,所以发明一家之主义者也。各家学说,有与其主义不合者,或驳诘之,或弃置之。伦理学史者,客观也。在抉发各家学说之要点,而推暨其源流,证明其迭相乘除之迹象。各家学说,与作者主义有违合之点,虽可参以评判,而不可以意取去,漂没其真相。此则伦理学史根本观念之异于伦理学者也。

我国之伦理学 我国以儒家为伦理学之大宗。而儒学,则一切精神界科学,悉以伦理为范围。哲学、心理学,本与伦理有密切之关系。我国学者仅以是为伦理学之前提。其他曰为政以德,曰孝治天下,是政治学范围于伦理也;曰国民修其孝悌忠信,可使制挺以挞坚甲利兵,是军学范围于伦理也;攻击异教,恒以无父无君为词,是宗教学范围于伦理也;评定诗古文词,恒以载道述德眷怀君父为优点,是美学亦范围于伦理也。我国伦理学之范围,其广如此,则伦理学宜若为我国唯一发达之学术矣。然以范围太广,而我国伦理学者之著述,多杂糅他科学说。其尤甚者为哲学及政治学。欲得一纯粹伦理学之著作,殆不可得。此为述伦理学史者之第一畏途矣。

我国伦理学说之沿革 我国伦理学说,发轫于周季。其时儒墨道法,众家并兴。及汉武帝罢黜百家,独尊儒术,而儒家言始为我国唯一之伦理学。魏晋以还,佛教输入,哲学界颇受其影响,而不足以震撼伦理学。近二十年间,斯宾塞尔之进化功利论,卢骚之天赋人权论,尼采之主人道德论,输入我国学界。青年社会,以新奇之嗜好欢迎之,颇若有新旧学说互相冲突之状态。然此等学说,不特深研而发挥之者尚无其人,即斯、卢诸氏之著作,亦尚未有完全移译者。所谓新旧冲突云云,仅为伦理界至小之变象,而于伦理学说无与也。

我国之伦理学史 我国既未有纯粹之伦理学,因而无纯粹之伦理学史。各史所载之儒林传道学传,及孤行之宋元学案、明儒学案等皆哲学史,而非伦理学史也。日本木村鹰太郎氏,述东洋伦理学史,(其全书名《东西洋伦理学史》,兹仅就其东洋一部分言之。)始以西洋学术史之规则,整理吾国伦理学说,创通大义,甚裨学子。而其间颇有依据伪书之失,其批评亦间失之武断。其后又有久保得二氏,述东洋伦理史要,则考证较详,评断较慎。而其间尚有蹈木村氏之覆辙者。木村氏之言曰:"西洋伦理学史,西洋学者名著甚多,因而为之,其事不难;东洋伦理学史,则昔所未有。若博读东洋学说而未谙西洋哲学科学之律贯,或仅治西洋伦理学而未通东方学派者,皆不足以胜创始之任。"谅哉言也。鄙人于东西伦理学,所涉均浅,而勉承兹乏,则以木村、久保二氏之作为本。而于所不安,则以记忆所及,参考所得,删补而订正之。正恐疏略谬误,所在多有。幸读者注意焉。

第一期　先秦创始时代

第一章　总论

伦理学说之起源　伦理界之通例,非先有学说以为实行道德之标准,实伦理之现象,早流行于社会,而后有学者观察之、研究之、组织之,以成为学说也。在我国唐虞三代间,实践之道德,渐归纳为理想。虽未成学理之体制,而后世种种学说,滥觞于是矣。其时理想,吾人得于《易》、《书》、《诗》三经求之。《书》为政事史,由意志方面,陈述道德之理想者也;《易》为宇宙论,由知识方面,本天道以定人事之范围;《诗》为抒情体,由感情方面,揭教训之趣旨者也。三者皆考察伦理之资也。

我国古代文化,至周而极盛。往昔积渐萌生之理想,及是时则由浑而画。由暧昧而辨晰。循此时代之趋势,而集其理想之大成以为学说者,孔子也。是为儒家言,足以代表吾民族之根本理想者也。其他学者,各因其地理之影响,历史之感化,而有得于古昔积渐萌生各理想之一方面,则亦发挥之而成种种之学说。

各家学说之消长　种种学说并兴,皆以其有为不可加,而思以易天下,相竞相攻,而思想界遂演为空前绝后之伟观。盖其时自儒家以外,成一家言者有八。而其中墨、道、名、法,皆以伦理学说占其重要之部分者也。秦并天下,尚法家;汉兴,颇尚道家;及武帝从董仲舒之说,循民族固有之理想而尊儒术,而诸家之说熸矣。

第二章　唐虞三代伦理思想之萌芽

伦理思想之基本　我国人文之根据于心理者,为祭天之故习。而伦理

思想，则由家长制度而发展，一以贯之。而敬天畏命之观念，由是立焉。

天之观念 五千年前，吾族由西方来，居黄河之滨，筑室力田，与冷酷之气候相竞，日不暇给。沐雨露之惠，懔水旱之灾，则求其源于苍苍之天。而以为是即至高无上之神灵，监吾民而赏罚之者也。及演进而为抽象之观念，则不视为具有人格之神灵，而竟认为溥博自然之公理。于是揭其起伏有常之诸现象，以为人类行为之标准。以为苟知天理，则一切人事，皆可由是而类推。此则由崇拜自然之宗教心，而推演为宇宙论者也。

天之公理 古人之宇宙论有二：一以动力说明之，而为阴阳二气说；一以物质说明之，而为五行说。二说以渐变迁，而皆以宇宙之进动为对象：前者由两仪而演为四象，由四象而演为八卦，假定八者为原始之物象，以一切现象，皆为彼等互动之结果。因以确立现象变化之大法，而应用于人事。后者以五行为成立世界之原质，有相生相克之性质。而世界各种现象，即于其性质同异间，有因果相关之作用，故可以由此推彼。而未来之现象，亦得而预察之。两者立论之基本，虽有径庭，而于天理人事同一法则之根本义，则若合符节。盖于天之主体，初未尝极深研究，而即以假定之观念，推演之，以应用于实际之事象。此吾国古人之言天，所以不同于西方宗教家，而特为伦理学最高观念之代表也。

天之信仰 天有显道，故人类有法天之义务，是为不容辨证之信仰，即所谓顺帝之则者也。此等信仰，经历世遗传，而浸浸成为天性。如《尚书》中君臣交警之辞，动必及天，非徒辞令之习惯，实亦于无意识中表露其先天之观念也。

天之权威 古人之观天也，以为有何等权威乎？《易》曰：刚柔相摩，鼓之以雷霆，润之以风雨。日月运行，一寒一暑。乾道成男，坤道成女。乾知大始，坤作成物。"谓天之于万物，发之收之，整理之，调摄之，皆非无意识之动作，而密合于道德，观其利益人类之厚而可知也。人类利用厚生之道，悉本于天，故不可不畏天命，而顺天道。畏之顺之，则天赐之福。如风雨以时，年谷顺成，而余庆且及于子孙；其有侮天而违天者，天则现种种灾异，如日月吉凶、陵谷变迁之类，以警戒之，犹不悔，则罚之。此皆天之性质之一斑见于诗书者也。

天道之秩序 天之本质为道德。而其见于事物也，为秩序。故天神之下有地祇，又有日月星辰山川林泽之神，降而至于猫、虎之属，皆统摄于上帝。是为人间秩序之模范。《易》曰："天尊地卑，乾坤定矣。卑高以陈，贵贱位矣。"此其义也。以天道之秩序，而应用于人类之社会，则凡不合秩序者，皆不得为道德。《易》又曰："有天地然后有万物，有万物然后有男女，有男女然后有夫妇，有夫妇然后有父子，有父子然后有君臣，有君臣然后有上下，有上下然后礼义有所错。"言循自然发展之迹而知秩序之当重也。重秩序，故道德界唯一之作用为中。中者，随时地之关系，而适处于无过不及之地者也。是为道德之根本。而所以助成此主义者，家长制度也。

家长制度 吾族于建国以前，实先以家长制度组织社会，渐发展而为三代之封建。而所谓宗法者，周之世犹盛行之。其后虽又变封建而为郡县，而家长制度之精神，则终古不变。家长制度者，实行尊重秩序之道，自家庭始，而推暨之以及于一切社会也。一家之中，父为家长，而兄弟姊妹又以长幼之序别之。以是而推之于宗族，若乡党，以及国家。君为民之父，臣民为君之子，诸臣之间，大小相维，犹兄弟也。名位不同，而各有适于其时地之道德，是谓中。

古先圣王之言动 三代以前，圣者辈出，为后人模范。其时虽未谙科学规则，且亦鲜有抽象之思想，未足以成立学说，而要不能不视为学说之萌芽。太古之事邈矣，伏羲作易，黄帝以道家之祖名。而考其事实，自发明利用厚生诸述外，可信据者盖寡。后世言道德者多道尧舜，其次则禹汤文武周公，其言动颇著于《尚书》，可得而研讨焉。

尧 《书》曰："尧克明峻德，以亲九族，平章百姓，协和万邦。黎民于变时雍。"先修其身而以渐推之于九族，而百姓，而万邦，而黎民。其重秩位如此。而其修身之道，则为中。其禅舜也，诫之曰："允执其中"是也。是盖由种种经验而归纳以得之者。实为当日道德界之一大发明。而其所取法者则在天。故孔子曰："巍巍乎唯天为大，唯尧则之，荡荡乎民无能名也。"

舜 至于舜，则又以中之抽象名称，适用于心性之状态，而更求其切实。其命夔教胄子曰："直而温，宽而栗，刚而无虐，简而无傲。"言涵养心性之法不外乎中也。其于社会道德，则明著爱有差等之义。命契曰："百姓不亲，五品不逊，汝为司徒，敬敷五教在宽。"五品、五教，皆谓于社会间，因其伦理关系之类别，而有特别之道德也。是谓五伦之教，所谓

父子有亲，君臣有义，夫妇有别，长幼有序，朋友有信，是也。其实不外乎执中。唯各因其关系之不同，而别著其德之名耳。由是而知中之为德，有内外两方面之作用，内以修己，外以及人，为社会道德至当之标准。盖至舜而吾民族固有之伦理思想，已有基础矣。

禹 禹治水有大功，克勤克俭，而又能敬天。孔子所谓禹吾无间然，菲饮食而致孝乎鬼神，恶衣服而致美乎黻冕，卑宫室而尽力乎沟洫，是也。其伦理观念，见于箕子所述之《洪范》。虽所言天锡畴范，迹近迂怪，然承尧舜之后，而发展伦理思想，如《洪范》所云，殆无可疑。《洪范》所言九畴，论道德及政治之关系，进而及于天人之交涉。其有关于人类道德者，五事，三德，五福，六极诸畴也。分人类之普通行动为貌言视听思五事，以规则制限之：貌恭为肃，言从为乂，视明为哲，听聪为谋，思睿为圣。一本执中之义，而科别较详。其言三德：曰正直，曰刚克，曰柔克。而五福：曰寿，曰富，曰康宁，曰攸好德，曰考终命。六极：曰凶短折，曰疾，曰忧，曰贫，曰恶，曰弱。盖谓神人有感应之理，则天之赏罚，所不得免，而因以确定人类未来之理想也。

皋陶 皋陶教禹以九德之目，曰：宽而栗，柔而立，愿而恭，乱而敬，扰而毅，直而温，简而廉，刚而塞，强而义。与舜之所以命夔者相类，而条目较详。其言天聪明自我民聪明，天明威自我民明威，则天人交感，民意所向，即天理所在，亦足以证明《洪范》之说也。

商周之革命 夏殷周之间，伦理界之变象，莫大于汤武之革命。其事虽与尊崇秩序之习惯，若不甚合。然古人号君曰天子，本有以天统君之义，而天之聪明明威，皆托于民，即武王所谓天视自我民视、天听自我民听者也。故获罪于民者，即获罪于天。汤武之革命，谓之顺乎天而应乎民，与古昔伦理，君臣有义之教，不相背也。

三代之教育 商周二代，圣君贤相辈出。然其言论之有关于伦理学者，殊不概见。其间如伊尹者，孟子称其非义非道一介不取与，且自任以天下之重。周公制礼作乐，为周代文化之元勋。然其言论之几于学理者，亦未有闻焉。大抵商人之道德，可以墨家代表之；周人之道德，可以儒家代表之。而三代伦理之主义，于当时教育之制，可有推见。孟子称夏有校，殷有序，周有庠，而学则三代共之。《管子》有《弟子职》篇，记洒扫对应进退之教。《周官·司徒》称以乡三物教万民，一曰六德：知、仁、圣、义、中、和；二曰六行：孝、友、睦、姻、任、恤；三曰六艺：礼、乐、射、御、书、数。是为普通教育。其高等教育之主义，则见于《礼记》之《大学》篇。其言曰："大学之道，在明明德，在亲民，在止于至善。古之欲明明德于天下者，必先治其国；欲治其国者，先齐其家；欲齐其家者，先修其身；欲修其身者，先正其心；欲正其心者，先诚其意；欲诚其意者，先致其知。致知在格物。自天子以至于庶人，壹是，皆以修身为本。"循天下国家疏近之序，而归本于修身。又以正心诚意致知格物为修身之方法，固已见学理之端绪矣。盖自唐虞以来，积无量数之经验，以至周代，而主义始以确立，儒家言由是启焉。

（一）儒家

第三章 孔子

小传 孔子名丘，字仲尼，以周灵王二十一年生于鲁昌平乡陬邑。孔氏系出于殷，而鲁为周公之后，礼文最富。故孔子具殷人质实豪健之性质，而又集历代礼乐文章之大成。孔子尝以其道遍干列国诸侯而不见用。晚年，乃删诗书，定礼乐，赞易象，修春秋，以授弟子。弟子凡三千人，其中身通六艺者七十人。孔子年七十三而卒，为儒家之祖。

孔子之道德 孔子禀上智之资，而又好学不厌。无常师，集唐虞三代积渐进化之思想，而陶铸之，以为新理想。尧舜者，孔子所假以代表其理想而为模范之人物者也。其实行道德之勇，亦非常人之所及。一言一动，无不准于礼法。乐天知命，虽屡际困厄，不怨天，不尤人。其教育弟子也，循循然善诱人。曾点言志曰：与冠者、童子、浴乎沂，风乎舞雩，咏而归，则喟然与之。盖标举中庸之主义，约以身作则者也。其学说虽未成立统系之组织，而散见于言论者得寻绎而条举之。

性 孔子劝学而不尊性。故曰："性相近也，习相远也。""唯上智与下愚不移。"又曰："生而知之者，上也；学而知之者，次也；困而学之，又其次也；困而不学，民斯为下。"言普通之人，皆可以学而知之也。其

于性之为善为恶,未及质言。而尝曰:"人之生也直,罔之生也幸而免。"又读《诗》至"天生庶民,有物有则,民之秉彝,好是懿德。"则叹为知道。是已有偏于性善说之倾向矣。

仁 孔子理想中之完人,谓之圣人。圣人之道德,自其德之方面言之曰仁,自其行之方面言之曰孝,自其方法之方面言之曰忠恕。孔子尝曰:"仁者爱人,知者知人。"又曰:"知者不惑,仁者不忧,勇者不惧。"此分心意为知识、感情、意志三方面,而以知仁勇名其德者。而平日所言之仁,则即以为统摄诸德完成人格之名。故其为诸弟子言者,因人而异。又或对同一之人,而因时而异。或言修己,或言治人,或纠其所短,要不外乎引之于全德而已。孔子尝曰:"仁远乎哉,我欲仁,斯仁至矣。"又称颜回"三月不违仁,其余日月至焉。"则固以仁为最高之人格,而又人人时时有可以到达之机缘矣。

孝 人之令德为仁,仁之基本为爱,爱之源泉,在亲子之间,而尤以爱亲之情之发于孩提者为最早。故孔子以孝统摄诸行。言其常,曰养、曰敬、曰谕父母于道。于其没也。曰:善继志述事。言其变,曰几谏。于其没也。曰干蛊。夫至以继志述事为孝,则一切修身、齐家、治国、平天下之事,皆得统摄于其中矣。故曰,孝者,始于事亲,中于事君,终于立身。是亦由家长制度而演成伦理学说之一证也。

忠恕 孔子谓曾子曰:"吾道一以贯之。"曾子释之曰:"夫子之道,忠恕而已矣。"此非曾子一人之私言也。子贡问:"有一言可以终身行之者乎?"孔子曰:"其恕乎。"《礼记》《中庸》篇引孔子之言曰:"忠恕违道不远。"皆其证也。孔子之言忠恕,有消极、积极两方面,施诸己而不愿,亦勿施于人。此消极之忠恕,揭以严格之命令者也。仁者,己欲立而立人,己欲达而达人。此积极之忠恕,行以自由之理想者也。

学问 忠恕者,以己之好恶律人者也。而人人好恶之节度,不必尽同,于是知识尚矣。孔子曰:"学而不思,则罔;思而不学,则殆。"又曰:"好仁不好学,其蔽也愚;好知不好学,其蔽也荡;好信不好学,其蔽也贼;好直不好学,其蔽也绞;好勇不好学,其蔽也乱;好刚不好学,其蔽也狂。"言学问之亟也。

涵养 人常有知及之,而行之则过或不及,不能适得其中者,其毗刚毗柔之气质为之也。孔子于是以诗与礼乐为涵养心性之学。尝曰:"兴于诗，立于礼，成于乐。"曰："诗可以兴，可以观，可以群，可以怨。"曰："若臧武仲之知，公绰之不欲，卞庄子之勇，冉求之艺，文之以礼乐，可以为成人矣。"其于礼乐也，在领其精神，而非必拘其仪式。故曰"礼云礼云，玉帛云乎哉，乐云乐云，钟鼓云乎哉。"

君子 孔子所举，以为实行种种道德之模范者，恒谓之君子，或谓之士。曰："君子有三畏：畏天命，畏大人，畏圣人之言。"曰："君子有三戒：少之时，血气未定，戒之在色；及其壮也，血气方刚，戒之在斗；及其老也，血气既衰，戒之在得。"曰："君子有九思：视思明，听思聪，色思温，貌思恭，言思忠，事思敬，疑思问，忿思难，见得思义。"曰："文质彬彬然后君子。"曰："君子讷于言而敏于行。"曰："君子疾没世而名不称。"曰："士，行己有耻，使于四方，不辱君命；其次，宗族称孝，乡党称悌；其次，言必信，行必果。"曰："志士仁人，无求生以害仁，有杀身以成仁。"其所言多与舜、禹、皋陶之言相出入，而条理较详。要其标准，则不外古昔相传执中之义焉。

政治与道德 孔子之言政治，亦以道德为根本。曰："为政以德。"曰："道之以德，齐之以礼，民有耻而且格。"季康子问政，孔子曰："政者，正也。子率以正，孰敢不正。"亦唐、虞以来相传之古义也。

第四章　子思

小传 自孔子没后，儒分为八。而其最大者，为曾子、子夏两派。曾子尊德性，其后有子思及孟子；子夏治文学，其后有荀子。子思，名伋，孔子之孙也，学于曾子。尝游历诸国，困于宋。作《中庸》。晚年，为鲁缪公之师。

中庸 《汉书》称子思二十三篇，而传于世者唯《中庸》。中庸者，即唐虞以来执中之主义。庸者，用也，盖兼其作用而言之。其语亦本于孔子，所谓君子中庸、小人反中庸者也。《中庸》一篇，大抵本孔子实行道德之训，而以哲理疏解之，以求道德之起原。盖儒家言，至是而渐趋于研究学理之倾向矣。

率性 子思以道德为原于性，曰："天命之为性，率性之为道，修道之为教。"言人类之性，本于天命，具有道德之法则。循性而行之，是为

道德。是已有性善说之倾向，为孟子所自出也。率性之效，是谓中庸。而实行中庸之道，甚非易易，贤者过之，不肖者不及也。子思本孔子之训，而以忠恕为致力之法，曰："忠恕违道不远，施诸己而不愿，亦勿施于人。"曰："所求乎子，以事父；所求乎臣，以事君；所求乎弟，以事兄，所求乎朋友，先施之。"此其以学理示中庸之范畴者也。

诚 子思以率性为道，而以诚为性之实体。曰："自诚明谓之性，自明诚谓之教。"又以诚为宇宙之主动力，故曰："诚者，自成也，道者，自道也。诚者，物之终始，不诚无物。诚者，非自成己而已也，所以成物也。成己，仁也，成物，智也。性之德也，合内外之道也，故时措之宜也。"是子思之所谓诚，即孔子之所谓仁。唯欲并仁之作用而著之，故名之以诚。又扩充其义，以为宇宙问题之解释，至诚则能尽性，合内外之道，调和物我，而达于天人契合之圣境，历劫不灭，而与天地参，虽渺然一人，而得有宇宙之价值也。于是宇宙间因果相循之迹，可以预计。故曰："至诚之道，可以前知。国家将兴，必有祯祥；国家将亡，必有妖孽。见乎蓍龟，动乎四体。祸福将至，善，必先知之，不善，必先知之，故至诚如神。"言诚者，含有神秘之智力也。然此唯生知之圣人能之，而非人人所可及也。然则人之求达于至诚也，将奈何？子思勉之以学，曰诚者，天之道也，诚之者，人之道也。诚者，不勉而中，不思而得，从容中道，圣人也。诚之者，择善而固执之者也，博学之，审问之，慎思之，明辨之，笃行之，弗能弗措。人一能之，己百之，人十能之，己千之。虽愚必明，虽柔必强。言以学问之力，认识何者为诚，而又以确固之步趋几及之，固非以无意识之任性而行为率性矣。

结论 子思以诚为宇宙之本，而人性亦不外乎此。又极论由明而诚之道，盖扩张往昔之思想，而为宇宙论，且有秩然之统系矣。唯于善恶之何以差别，及恶之起原，未遑研究。斯则有待于后贤者也。

第五章　孟子

孔子没百余年，周室愈衰，诸侯互相并吞，尚权谋，儒术尽失其传。是时崛起邹鲁，排众论而延周孔之绪者，为孟子。

小传 孟子名轲，幼受贤母之教。及长，受业于子思之门人。学成，欲以王道干诸侯，历游齐、梁、宋、滕诸国。晚年，知道不行，乃与弟子乐正克、公孙丑、万章等，记其游说诸侯及与诸弟子问答之语，为《孟子》七篇。以周赧王三十三年卒。

创见 孟子者，承孔子之后，而能为北方思想之继承者也。其于先圣学说益推阐之，以应世用。而亦有几许创见：（一）承子思性说而确言性善；（二）循仁之本义而配之以义，以为实行道德之作用；（三）以养气之说论究仁义之极致及效力，发前人所未发；（四）本仁义而言王道，以明经国之大法。

性善说 性善之说，为孟子伦理思想之精髓。盖子思既以诚为性之本体，而孟子更进而确定之，谓之善。以为诚则未有不善也。其辨证有消极、积极二种。消极之辨证，多对告子而发。告子之意，性唯有可善之能力，而本体无所谓善不善，故曰："生了为性。"曰："以人性为仁义，犹以杞柳为桮棬。"曰："人性之无分于善不善也，犹水之无分于东西也。"孟子对于其第一说，则诘之曰："然则犬之性犹牛之性，牛之性犹人之性与？"盖谓犬牛之性不必善，而人性独善也。对于其第二说，则曰："戕贼杞柳而后可以为桮棬，然则亦将戕贼人以为仁义与？"言人性不待矫揉而为仁义也。对于第三说，则曰："水信无分于东西，无分于上下乎？今夫水，搏而跃之，可使过颡；激而行之，可使在山。是岂水之性也哉？"人之为不善，亦犹是也。水无有不下，人无有不善，则兼明人性虽善而可以使为不善之义，较前二说为备。虽然，是皆对于告子之说，而以论理之形式，强攻其设喻之不当。于性善之证据，未之及也。孟子则别有积以经验之心理，归纳而得之，曰："人皆有不忍人之心。今人乍见孺子，将入于井，皆有怵惕恻隐之心，非所以内交于孺子之父母也，非所以要誉于乡党朋友也，非恶其声而然也。恻隐之心，人皆有之，仁之端也；羞恶之心，人皆有之，义之端也；辞让之心，人皆有之，礼之端也；是非之心，人皆有之，智之端也。"言仁义礼智之端，皆具于性，故性无不善也。虽然，孟子之所谓经验者如此而已。然则循其例而求之，即诸恶之端，亦未必无起原于性之证据也。

欲 孟子既立性善说，则于人类所以有恶之故，不可不有以解之。孟子则谓恶者非人性自然之作用，而实不尽其性之结果。山径不用，则茅塞之。山木常伐，则濯濯然。人性之障蔽而梏亡也，亦若是。是皆欲之咎

也。故曰："养心莫善于寡欲。其为人也寡欲，虽有不存焉者寡矣；其为人也多欲，虽有存焉者寡矣。"孟子之意，殆以欲为善之消极，而初非有独立之价值。然于其起原，一无所论究，亦其学说之缺点也。

义 性善，故以仁为本质。而道德之法则，即具于其中，所以知其法则而使人行之各得其宜者，是为义。无义则不能行仁。即偶行之，而亦为意识之动作。故曰："仁，人心也；义，人路也。"于是吾人之修身，亦有积极、消极两作用：积极者，发挥其性所固有之善也；消极者，求其放心也。

浩然之气 发挥其性所固有之善将奈何？孟子曰："在养浩然之气。"浩然之气者，形容其意志中笃信健行之状态也。其潜而为势力也甚静稳，其动而作用也又甚活泼。盖即中庸之所谓诚，而自其动作方面形容之。一言以蔽之，则仁义之功用而已。

求放心 人性既善，则常有动而之善之机，唯为欲所引，则往往放其良心而不顾。故曰："人岂无仁义之心哉。其所以放其良心者，亦犹斧斤之于木也，旦旦而伐之。虽然，已放之良心，非不可以复得也。人自不求之耳。"故又曰："学问之道无他，求其放心而已矣。"

孝悌 孟子之伦理说，注重于普遍之观念，而略于实行之方法。其言德行，以孝悌为本。曰："孩提之童，无不知爱其亲也。及其长也，无不知敬其兄也。亲亲，仁也；敬长，义也。无他，达之天下也。"又曰："尧、舜之道，孝悌而已矣。"

大丈夫 孔子以君子代表实行道德之人格，孟子则又别以大丈夫代表之。其所谓大丈夫者，以浩然之气为本，严取与出处之界，仰不愧于天，俯不怍于人，不为外界非道非义之势力所左右，即遇困厄，亦且引以为磨炼身心之药石，而不以挫其志。盖应时势之需要，而论及义勇之价值及效用者也。其言曰："说大人，则藐之，勿视其巍巍然。在彼者皆我所不为也，在我者皆古之制也，吾何畏彼哉？"又曰："居天下之广居，立天下之正位，行天下之大道。得志，与民由之；不得志，独行其道。富贵不能淫，贫贱不能移，威武不能屈。此之谓大丈夫。"又曰："天之将降大任于是人也，必先苦其心志，劳其筋骨，饿其体肤，空乏其身，行拂乱其所为，然后动心忍性，增益其所不能。"此足以观孟子之胸襟矣。

自暴自弃 人之性善，故能学则皆可以为尧、舜。其或为恶不已，而其究且如桀纣者，非其性之不善，而自放其良心之咎也，是为自暴自弃。故曰："自暴者不可与有言也，自弃者不可与有为也。言非礼义，谓之自暴。吾身不能居仁由义，谓之自弃也。"

政治论 孟子之伦理说，亦推扩而为政治论。所谓有不忍人之心斯有不忍人之政者也。其理想之政治，以尧舜代表之。尝极论道德与生计之关系，劝农桑，重教育。其因齐宣王好货、好色、好乐之语，而劝以与百姓同之。又尝言国君进贤退不肖，杀有罪，皆托始于国民之同意。以舜、禹之受禅，实迫于民视民听。桀纣残贼，谓之一夫，而不可谓之君。提倡民权，为孔子所未及焉。

结论 孟子承孔子、子思之学说而推阐之，其精深虽不及子思，而博大翔实则过之，其品格又足以相副，信不愧为儒家巨子。唯既立性善说，而又立欲以对待之，于无意识之间，由一元论而嬗变为二元论，致无以确立其论旨之基础。盖孟子为雄伟之辩论家，而非沈静之研究家，故其立说，不能无遗憾焉。

第六章　荀子

小传 荀子名况，赵人。后孟子五十余年生。尝游齐楚。疾举世溷浊，国乱相继，大道蔽壅，礼义不起，营巫祝，信机祥，邪说盛行，紊俗坏风，爰述仲尼之论，礼乐之治。著书数万言，即今所传之《荀子》是也。

学说 汉儒述毛诗传授系统，自子夏至荀子，而荀子书中尝并称仲尼、子弓。子弓者，馯臂子弓也。尝受《易》于商瞿，而实为子夏之门人。荀子为子夏学派，殆无疑义。子夏治文学，发明章句。故荀子著书，多根据经训，粹然存学者之态度焉。

人道之原 荀子以前言伦理者，以宇宙论为基本，故信仰天人感应之理，而立性善说。至荀子，则划绝天人之关系，以人事为无与于天道，而特为各人之关系。于是有性恶说。

性恶说 荀子祖述儒家，欲行其道于天下，重利用厚生，重实践伦理，以研究宇宙为不急之务。自昔相承理想，皆以祯祥灾孽，彰天人交感之故。及荀子，则虽亦承认自然界之确有理法，而特谓其无关于道德，无关于人类之行为。凡治乱祸福，一切社会现象，悉起伏于人类之势力，而

于天无与也。唯荀子既以人类势力为社会成立之原因，而见其间有自然冲突之势力存焉，是为欲。遂推进而以欲为天性之实体，而谓人性皆恶。是亦犹孟子以人皆有不忍之心而谓人性皆善也。

荀子以人类为同性，与孟子同也。故既持性恶之说，则谓人人具有恶性。桀纣为率性之极，而尧舜则拂性之功。故曰：人之性恶，其善者伪也（伪与为同）。于是孟、荀二子之言，相背而驰。孟子持性善说，而于恶之所由起，不能自圆其说；荀子持性恶说，则于善之所由起，亦不免为困难之点。荀子乃以心理之状态解释之。曰："夫薄则愿厚，恶则愿善，狭则愿广，贫则愿富，贱则愿贵，无于中则求于外。"然而善也者，不过恶之反射作用。而人之欲善，则犹是欲之动作而已。然其所谓善，要与意识之善有别。故其说尚不足以自立，而其依据学理之倾向，则已胜于孟子矣。

性论之矛盾 荀子虽持性恶说，而间有矛盾之说。彼既以人皆有欲为性恶之由，然又以欲为一种势力。欲之多寡，初与善恶无关。善恶之标准为理，视其欲之合理与否，而善恶由是判焉。曰："天下之所谓善者，正理平治也；所谓恶者，偏险悖乱也。"是善恶之分也。又曰："心之所可，苟中理，欲虽多，奚伤治？心之所可，苟失理，欲虽寡，奚止乱？"是其欲与善恶无关之说也。又曰："心虚一而静。心未尝不臧，然而谓之虚；心未尝不满，然而谓之静；人生而有知，有知而后有志，有志者谓之臧。"又曰："圣人知心术之患，蔽塞之祸，故无欲无恶，无始无终，无近无远，无博无浅，无古无今，兼陈万物而悬衡于中。"是说也，与后世淮南子之说相似，均与其性恶说自相矛盾者也。

修为之方法 持性善说者，谓人性之善，如水之就下，循其性而存之、养之、扩充之，则自达于圣人之域。荀子既持性恶之说，则谓人之为善，如木之必待隐括矫揉而后直，苟非以人为矫其天性，则无以达于圣域。是其修为之方法，为消极主义，与性善论者之积极主义相反者也。

礼 何以矫性？曰礼。礼者不出于天性而全出于人为。故曰："积伪而化谓之圣。圣人者，伪之极也。"又曰："性伪合，然后有圣人之名。盖天性虽复常存，而积伪之极，则性与伪化。"故圣凡之别，即视其性伪化合程度如何耳。积伪在于知礼，而知礼必由于学。故曰："学不可以已，其数，始于诵经，终于读礼。其义，始于士，终于圣人。学数有终，若其义则须臾不可舍。为之人也，舍之禽兽也。书者，政治之纪也。诗者，中声之止也。礼者，法之大分，群类之纲纪也。"故学至礼而止。

礼之本始 礼者，圣人所制。然圣人亦人耳，其性亦恶耳，何以能萌蘖至善之意识，而据之以为礼？荀子尝推本自然以解释之。曰："天地者，生之始也。礼义者，治之始也。君子者，礼义之始也。故天地生君子，君子理天地。君子者，天地之尽也，万物之总也，民之父母也。无君子则天地不理，礼义无统，上无君师，下无父子。"然则君子者，天地所特畀以创造礼义之人格，宁非与其天人无关之说相违与？荀子又尝推本人情以解说之。曰："三年之丧，称情而立文，所以为至痛之极也。"如其言，则不能不预想人类之本有善性，是又不合于人性皆恶之说矣。

礼之用 荀子之所谓礼，包法家之所谓法而言之，故由一身而推之于政治。故曰："隆礼贵义者，其国治；简礼贱义者，其国乱。"又曰："礼者，治辨之极也，强国之本也，威行之道也，功名之总也。王公由之，所以得天下；不由之，所以陨社稷。故坚甲利兵，不足以为胜；高城深池，不足以为固；严令繁刑，不足以为威。由其道则行，不由其道则废。"礼之用可谓大矣。

礼乐相济 有礼则不可无乐。礼者，以人定之法，节制其身心，消极者也。乐者，以自然之美，化感其性灵，积极者也。礼之德方而智，乐之德圆而神。无礼之乐，或流于纵恣而无纪；无乐之礼，又涉于枯寂而无趣。是以荀子曰："夫音乐，入人也深，而化人也速，故先王谨为之文，乐中平则民和而不流，乐肃庄则民齐而不乱，民和齐则兵劲而城固。"

刑罚 礼以齐之，乐以化之，而尚有顽冥不灵之民，不师教化，则不得不继之以刑罚。刑罚者，非徒惩已著之恶，亦所以慑余人之胆而遏恶于未然者也。故不可不强其力，而轻刑不如重刑。故曰："凡刑人者，所以禁暴恶恶，且惩其末也。故刑重则世治，而刑轻则世乱。"

理想之君道 荀子知世界之进化，后胜于前，故其理想之太平世，不在太古而在后世。曰："天地之始，今日是也。百王之道，后王是也。"故礼乐刑政，不可不与时变革，而为社会立法之圣人，不可不先后辈出。圣人者，知君人之大道者也。故曰："道者何耶？曰君道。君道者何耶？曰能群。能群者何耶？曰善生养人者也，善班治人者也，善显设人者也，善藩饰人者也。"

结论 荀子学说，虽不免有矛盾之迹，然其思想多得之于经验，故其

说较为切实。重形式之教育，揭法律之效力，超越三代以来之德政主义，而近接于法治主义之范围。故荀子之门，有韩非、李斯诸人，持激烈之法治论，此正其学说之倾向，而非如苏轼所谓由于人格之感化者也。荀子之性恶论，虽为常识所震骇，然其思想之自由，论断之勇敢，不愧为学者云。

（二）道家

第七章　老子

小传　老子姓李氏，名耳，字曰聃，苦县人也。不详其生年，盖长于孔子。苦县本陈地，及春秋时而为楚领，老子盖亡国之遗民也。故不仕于楚，而为周柱下史。晚年，厌世，将隐遁，西行，至函关，关令尹喜要之，老子遂著书五千余言，论道德之要，后人称为《道德经》云。

学说之渊源　《老子》二卷，上卷多说道，下卷多说德，前者为世界观，后者为人生观。其学说所自出，或曰本于黄帝，或曰本于史官。综观老子学说，诚深有鉴于历史成败之因果，而紬绎以得之者。而其间又有人种地理之影响。盖我国南北二方，风气迥异。当春秋时，楚尚为齐、晋诸国之公敌，而被摈于蛮夷之列。其冲突之迹，不唯在政治家，即学者维持社会之观念，亦复相背而驰。老子之思想，足以代表北方文化之反动力矣。

学说之趋向　老子以降，南方之思想，多好为形而上学之探究。盖其时北方儒者，以经验世界为其世界观之基础。繁其礼法，缛其仪文，而忽于养心之本旨。故南方学者反对之。北方学者之于宇宙，仅究现象变化之规则；而南方学者，则进而阐明宇宙之实在。故如伦理学者，几非南方学者所注意，而且以道德为消极者也。

道　北方学者之所谓道，宇宙之法则也。老子则以宇宙之本体为道，即宇宙全体抽象之记号也。故曰："致虚则极，守静则笃，万物并作，吾以观其复。夫物芸芸然，各归其根曰静，静曰复命，复命曰常，知常曰明。"言道本虚静，故万物之本体亦虚静，要当纯任自然，而复归于静虚之境。此则老子厌世主义之根本也。

德 老子所谓道,既非儒者之所道,因而其所谓德,亦非儒者之所德。彼以为太古之人,不识不知,无为无欲,如婴儿然,是为能体道者。其后智慧渐长,惑于物欲,而大道渐以澌灭。其时圣人又不揣其本而齐其末,说仁义,作礼乐,欲恃繁文缛节以拘梏之。于是人人益趋于私利,而社会之秩序,益以紊乱。及今而救正之,唯循自然之势,复归于虚静,复归于婴儿而已。故曰:"小国寡民,有什伯之器而不用,使民重死而不远徙。虽有舟舆,无所乘之;虽有兵甲,无所陈之。使人复结绳而用之,甘其食,美其服,安其居,乐其俗,邻国相望,鸡犬之声相闻,民至老死不相往来。"老子所理想之社会如此。其后庄子之《胠箧篇》,又述之。至陶渊明,又益以具体之观念,而为《桃花源记》。足以见南方思想家之理想,常为遁世者所服膺焉。

老子所见,道德本不足重,且正因道德之崇尚,而足征世界之浇漓,苟循其本,未有不爽然自失者。何则?道德者,由相对之不道德而发生。仁义忠孝,发生于不仁不义不忠不孝。如人有疾病,始需医药焉。故曰:"大道废,有仁义。智慧出,有大伪。六亲不和,有孝慈。国家昏乱,有忠臣。"又曰:"上德不德,是以有德;下德不失德,是以无德。上德无为而无以为,下德为之而有以为,上仁为之而无以为,上义为之而有以为,上礼为之而无应之,则攘臂而争之。故失道而后德,失德而后仁,失仁而后义,失义而后礼。夫礼者,忠信之薄,乱之首也。前识者,道之华,愚之始也。是以大丈夫处厚而不居薄,处实而不居华,故去彼取此。"

道德论之缺点 老子以消极之价值论道德,其说诚然。盖世界之进化,人事日益复杂,而害恶之条目日益繁殖,于是禁止之预备之作用,亦随之而繁殖。此即道德界特别名义发生之所由,征之历史而无惑者也。然大道何由而废?六亲何由而不和?国家何由而昏乱?老子未尝言之,则其说犹未备焉。

因果之倒置 世有不道德而后以道德救之,犹人有疾病而以医药疗之,其理诚然。然因是而遂谓道德为不道德之原因,则犹以医药为疾病之原因,倒因而为果矣。老子之论道德也,盖如此。曰:"古之善为道者,非以明民,将以愚之。民之难治,以其智多。以智治国,国之贼,不以智治国,国之福。"又曰:"绝圣弃智,民利百倍;绝仁弃义,民复孝慈;绝

巧弃利，盗贼无有。天下多忌讳而民弥贫，民利益多，国家滋昏，人多伎巧，奇物滋起，法令滋彰，盗贼多有。"盖世之所谓道德法令，诚有纠扰苛苦，转足为不道德之媒介者，如庸医之不能疗病而转以益之。老子有激于此，遂谓废弃道德，即可臻于至治，则不得不谓之谬误矣。

齐善恶 老子又进而以无差别界之见，应用于差别界，则为善恶无别之说。曰："道者，万物之奥，善人之宝，不善人之保。"是合善恶而悉谓之道也。又曰："天下皆知美之为美，斯恶矣；皆知善之为善，斯不善矣。"言丑恶之名，缘美善而出。苟无美善，则亦无所谓丑恶也。是皆绝对界之见，以形而上学之理绳之，固不能谓之谬误。然使应用其说于伦理界，则直无伦理之可言。盖人类既处于相对之世界，固不能以绝对界之理相绳也。老子又为辜较之言曰："唯之与阿，相去几何？善之与恶，相去奚若？"则言善恶虽有差别，而其别甚微，无足措意。然既有差别，则虽至极微之界，岂得比而同之乎？

无为之政治 老子既以道德为长物，则其视政治也亦然。其视政治为统治者之责任，与儒家同。唯儒家之所谓政治家，在道民齐民，使之进步；而老子之说，则反之，唯循民心之所向而无忤之而已。故曰："圣人无常心，以百姓之心为心。善者吾善之，不善者吾亦善之，德善也。信者吾信之，不信者吾亦信之，德信也。圣人之在天下，歙歙然不为天下浑其心，百姓皆注耳目也，圣人皆孩之。"

法术之起源 老子既主无为之治，是以斥礼乐，排刑政，恶甲兵，甚且绝学而弃智。虽然，彼亦应时势而立政策。虽于其所说之真理，稍若矛盾，而要仍本于其齐同善恶之概念。故曰："将欲噏之，必固张之。将欲纳之，必固强之。将欲废之，必固兴之。将欲夺之，必固为之。"又曰："以正治国，以奇用兵。"又曰："用兵有言，吾不为主而为客。"又曰："天之道，其犹张弓乎，高者抑之，下者举之，有余者损之，不足者补之。天道损有余而补不足，人之道不然，损不足以奉有余，孰能以有余奉天下？唯有道者而已。是以圣人为而不恃，功成而不处，不欲见其贤。"由是观之，老子固精于处世之法者。彼自立于齐同美恶之地位，而以至巧之策处理世界。俄〔彼〕虽斥智慧为废物，而于相对界，不得不巧施其智慧。此其所以为权谋术数所自出，而后世法术家皆奉为先河也。

结论 老子之学说，多偏激，故能刺冲思想界，而开后世思想家之先导。然其说与进化之理相背驰，故不能久行于普通健全之社会，其盛行之者，唯在不健全之时代，如魏、晋以降六朝之间是已。

第八章　庄子

老子之徒，自昔庄、列并称。然今所传列子之书，为魏、晋间人所伪作，先贤已有定论。仅足借以见魏、晋人之思潮而已，故不序于此。而专论庄子。

小传　庄子，名周，宋蒙县人也。尝为漆园吏。楚威王聘之，却而不往。盖愤世而隐者也。（按：庄子盖稍先于孟子，故书中虽诋儒家而不及孟。而孟子之所谓杨朱，实即庄周。古音庄与杨、周与朱俱相近，如荀卿之亦作孙卿也。孟子曰："杨氏为我，拔一毫而利天下不为也。"又曰："杨朱、墨翟之言盈天下，杨氏为我，是无君也。"《吕氏春秋》曰："阳子贵己。"《淮南子》氾论训曰："全性保真，不以物累形，杨子之所立也。而孟子非之。"贵己保真，即为我之正旨。庄周书中，随在可指。如许由曰："余无所用天下为。"连叔曰："之人也，之德也，将磅礴万物以为一世也。蕲乎乱，孰弊弊焉以天下为事，是其尘垢粃糠，犹将陶铸尧、舜者也。孰肯以物为事。"其他类是者，不可以更仆数，正孟子所谓拔一毛而利天下不为者也。子路之诋长沮桀溺也，曰："废君臣之义。"曰："欲洁其身而乱大伦。"正与孟子所谓杨氏无君相同。至列子《杨朱》篇，则因误会孟子之言而附会之者。如其所言，则纯然下等之自利主义，不特无以风动天下，而且与儒家言之道德，截然相反。孟子所以斥之者，岂仅曰无君而已。余别有详考。附著其略于此云。）

学派　韩愈曰："子夏之学，其后有田子方，子方之后，流而为庄子。"其说不知所本。要之，老子既出，其说盛行于南方。庄子生楚、魏之间，受其影〈响〉，而以其闳眇之思想扩大之。不特老子权谋术数之见，一无所染。而其形而上界之见地，亦大有进步，已浸浸接近于佛说。庄子者，超绝政治界，而纯然研求哲理之大思想家也。汉初盛言黄老。魏、晋以降，盛言老庄。此亦可以观庄子与老佛异同之朕兆矣。

庄子之书，存者凡三十三篇：内篇七，外篇十五，杂篇十一。内篇义旨闳深，先后互相贯注，为其学说之中坚。外篇、杂篇，则所以反复推明

之者也。杂篇之《天下》篇，历叙各家道术而批判之，且自陈其宗旨之所在，与老子有同异焉。是即庄子之自叙也。

世界观及人生观 庄子以世界为由相对之现象而成立，其本体则未始有对也，无为也，无始无终而永存者也，是为道。故曰："彼是无得其偶谓之道。"曰："道未始有对。"由是而其人生观，亦以反本复始为主义。盖超越相对界而认识绝对无终之本体，以宅其心意之谓也。而所以达此主义者，则在虚静恬淡，摒绝一切矫揉造作之为，而悉委之自然。忘善恶，脱苦厄，而以无为处世。故曰："大块载我以形，劳我以生，佚我以老，息我以死。故善吾生者，乃所以善吾死者也。"夫生死且不以婴心，更何有于善恶耶！

理想之人格 能达此反本复始之主义者，庄子谓之真人，亦曰神人、圣人。而称其才为全才。尝于其《大宗师》篇详说之。曰："古之真人，不逆寡，不雄成，不谟士。若然者，过而弗悔，当而不自得也。登高不栗，入水不濡，入火不热，其觉无忧，其息深深。"又曰："不知说生，不知恶死。其出不䜣，其入不距。脩然往来，不忘其所始，不求其所终。受而喜之，忘而复之，是之谓不以心捐道，不以人助天，是之谓真人。"其他散见各篇者多类此。

修为之法 凡人欲超越相对界而达于极对界，不可不有修为之法。庄子言其卑近者，则曰："徹志之勃，解心之谬，去德之累，进道之塞。贵、富、显、严、名、利，六者，勃志也。容、动、色、理、气、意，六者，谬心也。恶、欲、喜、怒、哀、乐，六者，累德也。去、就、取、与、知、能，六者，塞道也。此四六者不荡胸中，则正。正则静，静则明，明则虚，虚则无为而无不为也。"是其消极之修为法也。又曰："夫道，覆载万物者也。洋洋乎大哉，君子不可以不剞心焉。无为为之之谓天，无为言之之谓德，爱人利物之谓仁，不同同之之谓大，行不崖异之谓宽，有万不同之谓富，故执德之谓纪，德成之谓立，循于道之谓备，不以物挫志之谓完。君子明于此十者，则韬乎其事心之大也。沛乎其为万物逝也。"是其积极之修为法也。合而言之，则先去物欲，进而任自然之谓也。

内省 去"四六害"，明"十事"，皆对于外界之修为也。庄子更进而揭其内省之极工是谓心斋，于《人间世》篇言之曰：颜回问心斋，仲尼曰："一若志无听之以耳而听之以心，无听之以心而听之以气。听止于耳，心止于符。气也者，虚而待物者也，唯道集虚。虚者，心斋也。心斋者，绝妄想而见性真也。"彼尝形容其状态曰："南郭子綦隐几而坐，仰天而嘘，嗒然似丧其耦。颜成子游曰：'何居乎？形固可使如槁木，而心固可使如死灰乎？'孔子见老子，老子新沐，方被发而乾之，蛰然似非人者。孔子进见曰：'向者，先生之形体，掘若槁木，似遗世离人而立于独。'老子曰：'吾方游于物之始'。"游于物之始，即心斋之作用也。其言修为之方，则曰："吾守之三日而后能外天下，又守之七日而后能外物，又守之九日而后能外生，外生而后能朝彻，朝彻而后能见独，见独而后能无古今，无古今而后入不死不生。"又曰："一年而野，二年而从，三年而通，四年而物，五年而来，六年而鬼入，七年而天成，八年而不知生不知死，九年而大妙。"盖相对世界，自物质及空间、时间两形式以外，本能所有。庄子所谓外物及无古今，即超绝物质及空间、时间，纯然绝对世界之观念。或言自三日以至九日，或言自一年以至九年，皆不过假设渐进之程度。唯前者述其工夫，后者述其效验而已。庄子所谓心斋，与佛家之禅相似。盖至是而南方思想，已与印度思想契合矣。

北方思想之驳论 庄子之思想如此，则其与北方思想，专以人为之礼教为调摄心性之作用者，固如冰炭之不相入矣。故于儒家所崇拜之帝王，多非难之。曰："三皇五帝之治天下也，名曰治之，乱莫甚焉，使人不得安其性命之情，而犹谓之圣人，不可耻乎！"又曰："昔者皇帝始以仁义撄人之心，尧舜于是乎股无胈，胫无毛，以养天下之形。愁其五藏，以为仁义，矜其血气，以规法度，然犹有不胜也。尧于是放欢兜，投三苗，流共工，此不胜天下也。夫施及三王而天下大骇矣。下有桀跖，上有曾史，而儒墨毕起。于是乎喜怒相疑，愚知相欺，善否相非，诞信相讥，而天下衰矣。大德不同而性命烂漫矣。天下好知而百姓求竭矣。于是乎新锯制焉，绳墨杀焉，椎凿决焉，天下脊脊大乱，罪在撄人心。"其他全书中类此者至多。其意不外乎圣人尚智慧，设差别，以为争乱之媒而已。

排仁义 儒家所揭以为道德之标帜者，曰仁义。故庄子排之最力，曰："骈拇枝指，出乎性哉？而侈于德。附赘悬疣。出乎形哉？而侈于性。多方乎仁义而用之者，列乎五藏哉？而非道德之正也。性长非所断，性短非所续，无所去忧也。意仁义其非人情乎？彼仁人何其多忧也。且夫待钩墨规矩而正者，是削其性也。待绳约胶漆而固者，是侵其德也，屈折礼

乐,响俞仁义,以慰天下之心者,此失其常然也。常然者,天下诱然皆生而不知其所以生,同焉皆得而不知其所以得。故古今不二,不可亏也。则仁义又奚连连如胶漆缠索而游乎道德之间为哉!"盖儒家之仁义,本所以止乱。而自庄子观之,则因仁义而更以致乱,以其不顺乎人性也。

道德之推移 庄子之意,世所谓道德者,非有定实,常因时地而迁移。故曰:"水行无若用舟,陆行无若用车,以舟之可行于水也,而推之于陆,则没世而不行寻常。古今非水陆耶?周鲁非舟车耶?今蕲行周于鲁,犹推舟于陆,劳而无功,必及于殃。夫礼义法度,应时而变者也。今取猨狙而衣以周公之服,彼必龁啮挽裂,尽去之而后慊。古今之异,犹猨狙之于周公也。"庄子此论,虽若失之过激,然儒家末流,以道德为一定不易,不研究时地之异同,而强欲纳人性于一冶之中者,不可不以庄子此言为药石也。

道德之价值 庄子见道德之随时地而迁移者,则以为其事本无一定之标准,徒由社会先觉者,借其临民之势力,而以意创定。凡民率而行之,沿袭既久,乃成习惯。苟循其本,则足知道德之本无价值,而率循之者,皆媚世之流也。故曰:"孝子不谀其亲,忠臣不谀其君。君亲之所言而然,所行而善,世俗所谓不肖之臣子也。世俗之所谓然而然之,世俗之所谓善而善之,不谓之道谀之人耶!"

道德之利害 道德既为凡民之事,则于凡民之上,必不能保其同一之威严。故不唯大圣,即大盗亦得而利用之。故曰:"将为胠箧探囊发匮之盗而为守备,则必摄缄縢,固扃鐍,此世俗之所谓知也。然而大盗至,则负匮揭箧探囊而趋,唯恐缄縢扃鐍之不固也。然则乡之所谓知者,不乃为大盗积者也。故尝试论之,世俗所谓知者,有不为大盗积者乎?所谓圣者,有不为大盗守者乎?何以知其然耶?昔者齐国所以立宗庙社稷,治邑屋州闾乡曲者,曷尝不法圣人哉?然而田成子一旦杀齐君而盗其国,所盗者岂独其国耶?并与其圣知之法而盗之。小国不敢非,大国不敢诛,十二世有齐国,则是不乃窃齐国并与其圣知之法,以守其盗贼之身乎?跖之徒问于跖曰:'盗亦有道乎'?跖曰:'何适而无有道耶!夫妄意室中之藏,圣也;入先勇也;出后义也;知可否,知也;分均,仁也。五者不备而能成大盗者,夫之有也。'由是观之,善人不得圣人之道不立,跖不得圣人之道不行。天下之善人少而不善人多,则圣人之利天下也少,而害天下也多。圣人已死,则大盗不起。"庄子此论,盖鉴于周季拘牵名义之弊。所谓道德仁义者,徒为大盗之所利用。故欲去大盗,则必并其所利用者而去之,始为正本清源之道也。

结论 自尧舜时,始言礼教,历夏及商,至周而大备。其要旨在辨上下,自家庭以至朝庙,皆能少不凌长,贱不凌贵,则相安而无事矣。及其弊也,形式虽存,精神澌灭。强有力者,如田常、盗跖之属,决非礼教所能制。而彼乃转恃礼教以为箝制弱小之具。儒家欲救其弊,务修明礼教,使贵贱同纳于轨范。而道家反对之。以为当时礼法,自束缚人民自由以外,无他效力,不可不决而去之。在老子已有圣人不仁、刍狗万物之说,庄子更大廓其义。举唐、虞以来之政治,诋斥备至,津津于许由北人无择薄天下而不为之流。盖其消极之观察?在悉去政治风俗间种种赏罚毁誉之属,使人人不失其自由,则人各事其所事,各得其所得,而无事乎损人以利己,抑亦无事乎损己以利人,而相忘于善恶之差别矣。其积极之观察,则在世界之无常,人生之如梦,人能向实体世界之观念而进行,则不为此世界生死祸福之所动,而一切忮求恐怖之念皆去,更无所恃于礼教矣。其说在社会方面,近于今日最新之社会主义。在学理方面,近于最新之神道学。其理论多轶出伦理学界,而属于纯碎〔粹〕哲学。兹剌取其有关伦理者,而撮记其概略如上云。

(三) 农家

第九章 许行

周季农家之言,传者甚鲜。其有关于伦理学说者,唯许行之道,唯既为新进之徒陈相所传述,而又见于反对派孟子之书,其不尽真相,所不待言。然即此见于孟子之数语而寻绎之,亦有可以窥其学说之梗略者,故推论焉。

小传 许行,盖楚人。当滕文公时,率其徒数十人至焉。皆衣褐,绁屦织席以为食。

义务权利之平等 商鞅称神农之世,公耕而食,妇织而衣,刑政不用

而治。《吕氏春秋》称神农之教曰："士有当年而不耕者，天下或受其饥；女有当年而不织者，天下或受其寒。"盖当农业初兴之时，其事实如此。许行本其事实而演绎以为学说，则为人人各尽其所能，毋或过俭；各取其所需，毋或过丰。故曰："贤者与民并耕而食，饔飧而治。今也滕有仓廪府库，则是厉民而以自养也。"彼与其徒以绷屦织席为业，未尝不明于通功易事之义。至孟子所谓劳心，所谓忧天下，则自许行观之，宁不如无为而治之为愈也。

齐物价 陈相曰："从许子之道，则市价不二，布帛长短同，麻缕丝絮轻重同，五谷多寡同，屦大小同，则贾皆相若。"盖其意以劳力为物价之根本，而资料则为公有，又专求实用，而无取乎纷华靡丽之观，以辨上下而别等夷，故物价以数量相准，而不必问其精粗也。近世社会主义家，慨于工商业之盛兴，野人之麇集城市，为贫富悬绝之原因，则有反对物质文明，而持尚农返朴之说者，亦许行之流也。

结论 许行对于政治界之观念，与庄子同。其称神农，则亦犹道家之称黄帝，不屑齿及于尧舜以后之名教也。其为南方思想之一支甚明。孟子之攻陈相也，曰："陈良，楚产也。悦周公、仲尼之道，北学于中国，北方之学者，未能或之先也。"又曰："今也南蛮𫛞舌之人，非先王之道，子倍子之师而学之。"是即南北思想不相容之现象也。然其时，南方思潮业已侵入北方，如齐之陈仲子，其主义甚类许行。仲子，齐之世家也。兄戴，盖禄万钟。仲子以兄之禄为不义之禄而不食之，以兄之室为不义之室而不居之，避兄离母，居于於陵，身织屦，妻辟纑以易粟。孟子曰："仲子不义，与之齐国而弗受。"又曰："亡亲戚君臣上下。"其为粹然南方之思想无疑矣。

（四）墨家

第十章　墨子

孔、老二氏，既代表南北思想。而其时又有北方思想之别派崛起，而与儒家言相抗者，是为墨子。韩非子曰："今之显学，儒墨也。"可以观墨学之势力矣。

小传 墨子，名翟，《史记》称为宋大夫。善守御，节用。其年次不详，盖稍后于孔子。庄子称其以绳墨自矫而备世之急。孟子称其摩顶放踵利天下为之。盖持兼爱之说而实行之者也。

学说之渊源 宋者，殷之后也。孔子之评殷人曰："殷人尊神，率民而事神，先鬼而后礼，先罚而后赏。"墨子之明鬼尊天，皆殷人因袭之思想。《汉书·艺文志》谓墨学出于清庙之守，亦其义也。孔子虽殷后，而生长于鲁，专明周礼。墨子仕宋，则依据殷道。是为儒、墨差别之大原因。至墨子节用、节葬诸义，则又兼采夏道。其书尝称道禹之功业，而谓公孟子曰："子法周而未法夏，子之古非古也。"亦其证也。

弟子 墨子之弟子甚多，其著者，有禽滑厘、随巢、胡非之属。与孟子论争者曰夷之，亦其一也。宋钘非攻，盖亦墨子之支别与？

有神论 墨子学说，以有神论为基础。《明鬼》一篇，所以述鬼神之种类及性质者至备。其言鬼之不可不明也，曰："三代圣王既没，天下失义，诸侯力正。夫君臣之不惠忠也，父子弟兄之不慈孝悌长贞良也。正长之不强于听治，贱人之不强于从事也。"民之为淫暴寇乱盗贼，以兵刃毒药水火退无罪人乎道路，率径夺人车马衣裘以自利者，并作，由此始，是以天下乱。此其故何以然也？则皆以疑惑鬼神之有与无之别，不明乎鬼神之能赏贤而罚暴也。今若使天下之人，偕若信鬼神之能赏贤而罚暴也，则夫天下岂乱哉？今执无鬼者曰：'鬼神者固无有。'旦暮以为教诲乎天下之人，疑天下之众，使皆疑惑乎鬼神有无之别，是以天下乱。"然则墨子以罪恶之所由生为无神论，而因以明有神论之必要。是其说不本于宗教之信仰、及哲学之思索，而仅为政治若社会应用而设。其说似太浅近，以其《法仪》诸篇推之，墨子盖有见于万物皆神，而天即为其统一者，因自昔崇拜自然之宗教而说之以学理者也。

法天 儒家之尊天也，直以天道为社会之法则，而于天之所以当尊，天道之所以可法，未遑详也。及墨子而始阐明其故，于《法仪》篇详之曰："天下从事者不可以无法仪，无法仪而其事能成者，无有。虽至士之为将相者皆有法，虽至百工从事者亦皆有法。百工为方以矩，为圆以规，直以绳，正以县，无巧工不巧工，皆以此五者为法。巧者能中之；不巧者

虽有能中，放依以从事，犹逾己。故百工从事皆有法所度。今大者治天下，其次治大国，而无法所度，此不若百工辨也。然则吾人之所可以为法者何在？墨子曰：'当皆法其父母奚若？天下之为父母者众，而仁者寡，若皆法其父母，此法不仁也。当皆法其学奚若？天下之为学者众，而仁者寡，若皆法其学，此法不仁也。当皆法其君奚若？天下之为君者众，而仁者寡。若皆法其学〈君〉，此法不仁也。'此法不仁不可以为法。"夫父母者，彝伦之基本；学者，知识之源泉；君者，于现实界有绝对之威力。然而均不免于不仁，而不可以为法。盖既在此相对世界中，势不能有保其绝对之尊严者也。而吾人所法，要非有全知全能永保其绝对之尊严，而不与时地为推移者，不足以当之，然则非天而谁？故曰："莫若法天。天之行广而无私，其施厚而不德，其明久而不衰，故圣王法之。"既以天为法，动作有为，必度于天。天之所欲则为之，天所不欲则止。由是观之，墨子之于天，直以神灵视之，而不仅如儒家之视为理法矣。

天之爱人利人 人以天为法，则天意之好恶，即以决吾人之行止。夫天意果何在乎？墨子则承前文而言之曰："天何欲何恶？天必欲人之相爱相利，而不欲人之相恶相贼也。奚以知之？以其兼而爱之、兼而利之也。奚以知其兼爱之而兼利之？以其兼而有之、兼而食之也。今天下无大小国，皆天之邑也。人无幼长贵贱，皆天之臣也。此以莫不犓羊豢犬猪絜为酒醴粢盛以敬事天，此不为兼而有之、兼而食之耶？天苟兼而有之食之，夫奚说以不欲人之相爱相利也。故曰：'爱人利人者，天必福之。恶人贼人者，天必祸之。日杀不辜者，得不祥焉。'夫奚说人为其相杀而天与祸乎？是以天欲人相爱相利、而不欲人相恶相贼也。

道德之法则 天之意在爱与利，则道德之法则，亦不得不然。墨子者，以爱与利为结合而不可离者也。故爱之本原，在近世伦理学家，谓其起于自爱，即起于自保其生之观念。而墨子之所见然收然。

兼爱 自爱之爱，与憎相对。充其量，不免至于屈人以伸己。于是互相冲突，而社会之纷乱由是起焉。故以济世为者，不可不扩充为绝对之爱。绝对之爱，兼爱也，天意也。故曰："盗爱其室，不爱异室，故窃异室以利其室。贼爱其身，不爱人，故贼人以利其身。此何也？皆由不相爱。虽至大夫之相乱家，诸侯之相攻国者，亦然。大夫各爱其家，不爱异家，故乱异家以利其家。诸侯各爱其国，不爱异国，故攻异国以利其国。

天下之乱物，具此而已矣。察此何自起，皆起不相爱。若使天下兼相爱，则国与国不相攻，家与家不相乱，盗贼无有，君臣父子皆能孝慈。若此则天下治。"

兼爱与别爱之利害 墨子既揭兼爱之原理，则又举兼爱、别爱之利害以证成之。曰："交别者，生天下之大害；交兼者，生天上之大利。是故别非也，兼是也。"又曰："有二士于此，其一执别，其一执兼。别士之言曰：'吾岂能为吾友之身若为吾身，为吾友之亲若为与亲。'是故退睹其友，饥则不食，寒则不衣，疾病不侍养，死丧不葬埋。别士之言若此，行若此。兼士之言不然，行亦不然。曰：'吾闻为高士于天下者，必为其友之身若为其身，为其友之亲若为其亲。'是故退睹其友，饥则食之，寒则衣之，疾病侍养之，死丧葬埋之。兼士之言若此，行若此。"墨子又推之而为别君、兼君之事，其义略同。

行兼爱之道 兼爱之道，何由而能实行乎？墨子之所揭与儒家所言之忠恕同。曰："视人之国如其国，视人之家如其家，视人之身如其身。"

利与爱 爱者，道德之精神也，行为之动机也。而吾人之行为，不可不预期其效果。墨子则以利为道德之本质，于是其兼爱主义，同时为功利主义。其言曰："天者，兼爱之而兼利之。天之利人也，大于人之自利者。"又曰："天之爱人也，视圣人之爱人也薄；而其利人也，视圣人之利人也厚。大人之爱人也。视小人之爱人也薄；而其利人也，视小人之利人也厚。"其意以为道德者，必以利达其爱，若厚爱而薄利，则与薄于爱无异焉。此墨子之功利论也。

兼爱之调摄 兼爱者，社会固结之本质。然社会间人与人之关系，尝于不知不觉间，生亲疏之别。故孟子至以墨子之爱无差别为无父，以为兼爱之义，与亲疏之等不相容也。然如墨子之义，则两者并无所谓矛盾。其言曰："孝子之为亲度者，亦欲人之爱利其亲与？意欲人之恶贼其亲与？既欲人之爱利其亲也，则吾恶先从事，即得此，即必我先从事乎爱利人之亲，然后人报我以爱利吾亲也。诗曰：'无言而不仇，无德而不报，投我以桃，报之以李。'即此言爱人者必见爱，而恶人者必见恶也。"然则爱人之亲，正所以爱己之亲，岂得谓之无父耶？且墨子之对公输子也，曰："我钩之以爱，揣之以恭，弗钩以爱则不亲，弗揣以恭而速狎，狎而不亲，则速离。故交相爱，交相恭，犹若相利也。"然则墨子之兼爱，固自有其

调摄之道矣。

勤俭 墨子欲达其兼爱之主义，则不可不务去争夺之原。争夺之原，恒在匮乏。匮乏之原，在于奢惰。故为《节用》篇以纠奢，而为非命说以明人事之当尽。又以厚葬久丧，与勤俭相违，特设《节葬》篇以纠之。而墨子及其弟子，则洵能实行其主义者也。

非攻 言兼爱则必非攻。然墨子非攻而不非守，故有《备城门》、《备高临》诸篇，非如孟子所谓修其孝悌忠信，则可制梃而挞甲兵者也。

结论 墨子兼爱而法天，颇近于西方之基督教。其明鬼而节葬，亦含有尊灵魂、贱体魄之意。墨家巨子，有杀身以殉学者，亦颇类基督。然墨子，科学家也，实利家也。其所言名数质力诸理，多合于近世科学。其论证，则多用归纳法。按切人事，依据历史，其《尚同》《尚贤》诸篇，则在得明天子及诸贤士大夫以统一各国之政俗，而泯其争。此皆其异于宗教家者也。墨子偏尚质实，而不知美术有陶养性情之作用，故非乐，是其蔽也。其兼爱主义，则无可非者。孟子斥为无父，则门户之见而已。

（五）法家

周之季世，北有孔孟，南有老庄，截然两方思潮循时势而发展。而墨家毗于北，农家毗于南，如骖之靳焉。然此两方思潮，虽簧鼓一世，而当时君相，方力征经营，以富强其国为鹄的，则于此两派，皆以为迂阔不切事情，而摈斥之。是时有折中南北学派，而洋洋然流演其中部之思潮，以应世用者，法家也。法家之言，以道为体，以儒为用。韩非子实集其大成。而其源则滥觞于孔老学说未立以前之政治家，是为管子。

第十一章　管子

小传 管子，名夷吾，字仲，齐之颍上人。相齐桓公，通货积财，与俗同好恶，齐以富强，遂霸诸侯焉。

著书 管子所著书，汉世尚存八十六篇，今又亡其十篇。其书多杂以后学之所述，不尽出于管氏也。多言政治及理财，其关于伦理学原则者如下。

学说之起原 管子学说，所以不同于儒家者，历史地理，皆与有其影响。周之兴也，武王有乱臣十人，而以周公旦、太公望为首选。周公守圣贤之态度，好古尚文，以道德为政治之本。太公挟豪杰作用，长法兵，用权谋。故周公封鲁，太公封齐，而齐、鲁两国之政俗，大有径庭。《史记》曰："太公之就国也，道宿行迟，逆旅人曰：'吾闻之时难得而易失，客寝甚安，殆非就国者也。'太公闻之，夜衣而行，黎明至国。莱侯来伐，争营邱。太公至国，修政，因其俗，简其礼，通工商之业，便鱼盐之利，人民多归之，五月而报政。周公曰：'何疾也？'曰：'吾简君臣之礼，而从其俗之为也。'鲁公伯禽，受封之鲁，三年而后报政。周公曰：'何迟也？'伯禽曰：'变其俗，革其礼，丧三年而除这，故迟。'周公叹曰：'呜呼！鲁其北面事齐矣'。"鲁以亲亲上恩为施政之主义，齐以尊贤上功为立法之精神，历史传演，学者不能不受其影响。是以鲁国学者持道德说，而齐国学者持功利说。而齐为东方鱼盐之国，是时吴、楚二国，尚被摈为蛮夷。中国富源，齐而已。管子学说之行于齐，岂偶然耶！

理想之国家 有维持社会之观念者，必设一理想之国家以为鹄。如孔子以尧舜为至治之主，老庄则神游于黄帝以前之神话时代是也。而管子之所谓至治，则曰："人人相和睦，少相居，长相游，祭祀相福，死哀相恤，居处相乐，入则务本疾作以满仓廪，出则尽节死敌以安社稷，坟然如一父之儿，一家之实。"盖纯然以固结其人民使不愧为国家之分子者也。

道德与生计之关系 欲固结其人民奈何？曰养其道德。然管子之意，以为人民之所以不道德，非徒失教之故，而物质之匮乏，实为其大原因。欲教之，必先富之。故曰："仓廪实而知礼节，衣食足而知荣辱。"又曰："治国之道，必先富民。民富易治，民贫难治。何以知其然也？民富则安乡重家，而敬上畏罪，故易治。民贫则反之，故难治。故治国常富，而乱国常贫。"

上下之义务 管子以人民实行道德之难易，视其生计之丰歉。故言为政者务富其民，而为民者务勤其职。曰："农有常业，女有常事，一夫不耕，或受之饥；一妇不织，或受之寒。"此其所揭之第一义务也。由是而

进以道德。其所谓重要之道德,曰礼义廉耻,谓为国之四维。管子盖注意于人心就恶之趋势,故所揭者,皆消极之道德也。

结论 管子之书,于道德起原及其实行之方法,均未遑及。然其所抉道德与生计之关系,则于伦理学界有重大之价值者也。

管子以后之中部思潮 管子之说,以生计为先河,以法治为保障,而后有以杜人民不道德之习惯,而不致贻害于国家,纯然功利主义也。其后又分为数派,亦颇受影响于地理云。

(一)为儒家之政治论所援引,而与北方思想结合者,如孟子虽鄙夷管子,而袭其道德生计相关之说。荀子之法治主义,亦宗之。其最著者为尸佼,其言曰:"义必利,虽桀纣犹知义之必利也。"尸子鲁人,尝为商鞅师。

(二)纯然中部思潮,循管子之主义,随时势而发展,李悝之于魏,商鞅之于秦,是也。李悝尽地力,商鞅励农战,皆以富强为的,破周代好古右文之习惯者也。而商君以法律为全能,法家之名,由是立。且其思想历三晋而衍于西方。

(三)与南方思想接触,而化合于道家之说者,申不害之徒也。其主义君无为而臣务功利,是为术家。申子郑之遗臣,而仕于韩。郑与楚邻也。

当是时也,既以中部之思想为调人,而一合于北、一合于南矣。及战国之末,韩非子遂合三部之思潮而统一之。而周季思想家之运动,遂以是为归宿也。

尸子、申子其书既佚。唯商君、韩非子之书具存。虽多言政治,而颇有伦理学说可以推阐,故具论之。

第十二章　商君

小传 商君氏公孙,名鞅,受封于商,故号曰商君。君本卫庶公子,少好刑名之学。闻秦孝公求贤,西行,以强国之术说之,大得信任。定变法之令,重农战,抑亲贵,秦以富强。孝公卒,有谗君者,君被磔以死。秦袭君政策,卒并六国。君所著书凡二十五篇。

革新主义 管子,持通变主义者也。其于周制,虽不屑屑因袭,而未尝大有所摧廓。其时周室虽衰，民志犹未漓也。及战国时代，时局大变，新说迭出。商君承管子之学说，遂一进而为革新主义。其言曰："前世不同教，何古是法？帝王不相复，何礼是循？伏羲神农，不教而诛。黄帝尧舜，诛而不怒。至于文武，各当时而立法，因事而制礼，礼法以时定，制令顺其宜，兵甲器备，各供其用。"故曰："治世者不二道，便国者不必古。汤武之王也，不循古而兴。商夏之亡也，不易礼而亡。"然则反古者未必非，而循礼者未足多，是也。又其驳甘龙之言曰："常人安于故俗，学者溺于所闻，两者以之居官守法可也，非所与论于法之外也。三代不同礼而王，五霸不同法而霸。智者作法，愚者制焉。贤者定法，不肖者拘焉。"商君之果断如此，实为当日思想革命之巨子。固亦为时势所驱迫，而要之非有超人之特性者，不足以语此也。

旧道德之排斥 周末文胜，凡古人所标揭为道德者，类皆名存实亡，为干禄舞文之具，如庄子所谓儒以诗礼发冢者是也。商君之革新主义，以国家为主体，即以人民对于国家之公德为无上之道德。而凡袭私德之名号，以间接致害于国家者，皆竭力排斥之。故曰："有礼，有乐，有诗，有书，有善，有修，有孝，有悌，有廉，有辨，有是十者，其国必削而至亡。"其言虽若过激，然当日虚诬吊诡之道德，非摧陷而廓清之，诚不足以有为也。

重刑 商君者，以人类为唯有营私背公之性质，非以国家无上之威权，逆其性而迫压之，则不能一其心力以集合为国家。故务在以刑齐民，而以赏为刑之附庸。曰："刑者，所以禁夺也。赏者，所以助禁也。故重罚轻赏，则上爱民而下为君死。反之，重赏而轻罚，则上不爱民，而下不为君死。故王者刑九而赏一，强国刑七而赏三，削国刑五而赏亦五。"商君之理想既如此，而假手于秦以实行之，不稍宽假。临渭而论刑，水为之赤。司马迁评为天资刻薄，谅哉。

尚信 商君言国家之治，在法、信、权三者。而其言普通社会之制裁，则唯信。秉政之始，尝悬赏徙木以示信，亦其见端也。盖彼既不认私人有自由行动之余地，而唯以服从于团体之制裁为义务，则舍信以外，无所谓根本之道德矣。

结论 商君，政治家也，其主义在以国家之威权裁制各人。故其言道德也，专尚公德，以为法律之补助，而持之已甚，几不留各人自由之余

地。又其观察人性，专以趋恶之一方面为断，故尚刑而非乐，与管子之所谓令顺民心者相反。此则其天资刻薄之结果，而所以不免为道德界之罪人也。

第十三章　韩非子

小传　韩非，韩之庶公子也。喜刑名法术之学。尝与李斯同学于荀卿，斯自以为不如也。韩非子见韩之削弱，屡上书韩王，不见用。使于秦，遂以策干始皇，始皇欲大用之，为李斯所谗，下狱，遂自杀。其所著书凡五十五篇，曰《韩子》。自宋以后，始加"非"字，以别于韩愈云。方始皇未见韩非子时，尝读其书而慕之。李斯为其同学而相秦，故非虽死，而其学说实大行于秦焉。

学说之大纲　韩非子者，集周季学者三大思潮之大成者也。其学说，以中部思潮之法治主义为中坚。严刑必罚，本于商君。其言君主尚无为，而不使臣下得窥其端倪，则本于南方思潮。其言君主自制法律，登进贤能，以治国家，则又受北方思潮之影响者。自孟、荀、尸、申后，三部思潮，已有互相吸引之势。韩非子生于韩，闻申不害之风，而又学于荀卿，其刻核之性质，又与商君相近。遂以中部思潮为根据，又甄择南北两派，取其足以应时势之急，为法治主义之助，而无相矛盾者，陶铸辟灌，成一家言。盖根于性癖，演于师承，而又受历史地理之影响者也。呜呼，岂偶然者！

性恶论　荀子言性恶，而商君之观察人性也，亦然。韩非子承荀、商之说，而以历史之事实证明之。曰："人主之患在信人。信人者，被制于人。人臣之于其君也，非有骨肉之亲也，缚于势而不得不事之耳。故人臣者，窥觇其君之心，无须臾之休，而人主乃怠傲以处其上，此世之所以有劫君弑主也。人主太信其子，则奸臣得乘子以成其私，故李兑傅赵王，而饿主父。人主太信其妻，则奸臣得乘妻以成其利，故优施傅骊姬而杀申生，立奚齐。夫以妻之近，子之亲，犹不可信，则其余尚可信乎？如是，则信者，祸之基地。其故何哉？曰：王良爱马，为其驰也。赵王勾践爱人，为其战也。医者善吮人之伤，含人之血，非骨肉之亲也，驱于利也。故舆人成舆，欲人之富贵；匠人成棺，欲人之夭死；非舆人仁而匠人贼也。人不贵则舆不售，人不死则棺不买，情非憎人也，利在人之死也。故后妃夫人太子之党成，而欲君之死，君不死则势不重。情非憎君也，利在君之死也。故人君不可不加心于利己之死者。"

威势 人之自利也，循物竞争存之运会而发展，其势力之盛，无与敌者。同情诚道德之根本，而人群进化，未臻至善，欲恃道德以为成立社会之要素，辄不免为自利之风潮所摧荡。韩非子有见于此，故公言道德之无效，而以威势代之。故曰："母之爱子也，倍于父，而父令之行于子也十于母。吏之于民也无爱，而其令之行于民也万于父母。父母积爱而令穷，吏用威严而民听，严爱之策可决矣。"又曰："我以此知威势之足以禁暴，而德行之不足以止乱也。"又举事例以证之，曰："流涕而不欲刑者，仁也。然而不可不刑者，法也。先王屈于法而不听其泣，则仁之不足以为治明也。且民服势而不服义。仲尼，圣人也，以天下之大，而服从之者仅七十人。鲁哀公，下主也，南面为君，而境内之民无敢不臣者。今为说者，不知乘势，而务行仁义，而欲使人主为仲尼也。"

法律 虽然，威势者，非人主官吏滥用其强权之谓，而根本于法律者也。韩非子之所谓法，即荀卿之礼而加以偏重刑罚之义，其制定之权在人主。而法律既定，则虽人主亦不能以意出入之。故曰："绳直则枉木斫，准平则高科削，权衡悬则轻重平，释法术而心治，虽尧不能正一国；去规矩而度以妄意，则奚仲不能成一轮。"又曰："明主一于法而不求智。"

变通主义 荀卿之言礼也，曰法后王。（法后王即立新法，非如杨氏旧注以后王为文武也。）商君亦力言变法，韩非子承之。故曰："上古之世，民不能作家，有圣人教之造巢，以避群害，民喜而以为王。其后有圣人，教民火食。降至中古，天下大水，而鲧禹决渎。桀纣暴乱，而汤武征伐。今有构木钻燧于夏后氏之世者，必为鲧禹笑。有决渎于殷商之世者，必为汤武笑矣。"又曰："宋人耕田，田中有株，兔走而触株，折颈而死。其人遂舍耕而守株，期复得兔，兔不可复得，而身为宋国笑。"然则韩非子之所谓法，在明主循时势之需要而制定之，不可以泥古也。

重刑罚 商君、荀子皆主重刑，韩非子承之。曰："人不恃其身为善，而用其不得为非，待人之自为善，境内不什数，使之不得为非，则一国可齐而治。夫必待自直之箭，则百世无箭。必待自圆之木，则千岁无轮。而世皆乘车射禽者，何耶？用檃栝之道也。虽有不待檃栝而自直之箭，自圆

之木,良工不贵也。何则?乘者非一人,射者非一发也。不待赏罚而恃自善之民,明君不贵也。有术之君,不随适然之善,而行必然之道。罚者,必然之道也。"且韩非子不特尚刑罚而已,而又尚重刑。其言曰:"殷法刑弃灰于道者,断其手。子贡以为酷,问之仲尼,仲尼曰:'是知治道者也。夫弃灰于街,必掩人,掩人则人必怒,怒则必斗,斗则三族相灭,是残三族之道,虽刑之可也。'且夫重罚者,人之所恶,而无弃灰,人之所易,使行其易者而无离于恶,治道也。"彼又言重刑一人,而得使众人无陷于恶,不失为仁,故曰:"与之刑者,非所以恶民,而爱之本也。刑者,爱之首也。刑重则民静,然愚人不知,而以为暴。愚者固欲治,而恶其所以治者。皆恶危,而贵其所以危者。"

君主以外无自由 韩非子以君主为有绝对之自由,故曰:"君不能禁下而自禁者曰劫,君不能节下而自节者曰乱。"至于君主以下,则一切人民,凡不范于法令之自由,皆严禁之。故伯夷、叔齐,世颂其高义者也。而韩非子则曰:"如此臣者,不畏重诛,不利重赏,无益之臣也。"恬淡者,世之所引重也,而韩非子则以为可杀。曰:"彼不事天子,不友诸侯,不求人,亦不从人之求,是不可以赏罚劝禁者也。如无益之马,驱之不前,却之不止,左之不左,右之不右。如此者,不令之民也。"

以法律统一名誉 韩非子既不认人民于法律以外有自由之余地,于是自服从法律以外,亦无名誉之余地。故曰:"世之不治者,非下之罪,而上失其道也。贵其所以乱,而贱其所以治。是故下之所欲,常相诡于上之所以为治。夫上令而纯信,谓为婆。守法而不变,谓之愚。畏罪者谓之怯。听吏者谓之陋。寡闻从令,完法之民也,世少之,谓之朴陋之民。力作而食,生利之民也,世少之,谓之寡能之民。重令畏事,尊上之民也,世少之,谓之怯慑之民。此贱守法而为善者也。反之而令有不听从,谓之勇。重厚自尊,谓之长者。行乖于世,谓之大人。贱爵禄不挠于上者,谓之杰士。是以乱法为高也。"又曰:"父盗而子诉之官,官以其忠君曲父而杀之,由是观之,君之直臣者,父之暴子也。"又曰:"汤武者,反君臣之义,乱后世之教者也。汤武,人臣也,弑其父而天下誉之。"然则韩非子之意,君主者,必举臣民之思想自由、言论自由而一切摧绝之者也。

排慈惠 韩非子本其重农尚战之政策,信赏必罚之作用,而演绎之,则慈善事业，不得不排斥。故曰："施与贫困者，此世之所谓仁义也。哀怜百姓不忍诛罚者，此世之所谓惠爱也。夫施与贫困，则功将何赏？不忍诛罚，则暴将何止？故天灾饥馑，不敢救之。何则？有功与无功同赏，夺力俭而与无功无能，不正义也。"

结论 韩非子袭商君之主义，而益详明其条理。其于儒家、道家之思想，虽稍稍有所采撷，然皆得其粗而遗其精。故韩非子者，虽有总揽三大思潮之观，而实商君之嫡系也。法律实以道德为根原，而彼乃以法律统摄道德，不复留有余地；且于人类所以集合社会，所以发生道理法律之理，漠不加察，乃以君主为法律道德之创造者。故其揭明公德，虽足以救儒家之弊，而自君主以外，无所谓自由。且为君主者以术驭吏，以刑齐民，日以心斗，以为社会谋旦夕之平和。然外界之平和，虽若可以强制，而内界之俶扰益甚。秦用其说，而民不聊生，所谓万能之君主，亦卒无以自全其身家，非偶然也。故韩非子之说，虽有可取，而其根本主义，则直不容于伦理界者也。

第一期结论 吾族之始建国也，以家族为模型。又以其一族之文明，同化异族，故一国犹一家也。一家之中，父兄更事多，常能以其所经验者指导子弟。一国之中，政府任事专，故亦能以其所经验者指导人民。父兄之责，在躬行道德以范子弟，而著其条目于家教，子弟有不师教者责之。政府之责，在躬行道德，以范人民，而著其条目于礼，人民有不师教者罚之（孔子所谓道之以德、齐之以礼是也。古者未有道德法律之界说，凡条举件系者皆以礼名之。至《礼记》所谓礼不下庶人，则别一义也）。故政府犹父兄也，（唯父兄不德，子弟唯怨慕而已，如舜之号泣于旻天是也。政府不德，则人民得别有所拥戴以代之，如汤武之革命是也。然此皆变例。）人民常抱有禀承道德于政府之观念。而政府之所谓道德，虽推本自然教，近于动机论之理想，而所谓天命有礼、天讨有罪，则实毗于功利论也。当虞夏之世，天灾流行，实业未兴，政府不得不偏重功利。其时所揭者，曰正德利用厚生。利用厚生者，勤俭之德；正德者，中庸之德也。（如皋陶所言之九德是也。）洎乎周代，家给人足，人类公性，不能以体魄之快乐自餍，恒欲进而求精神之幸福。周公承之，制礼作乐。礼之用方以智，乐之用圆而神。右文增美，尚礼让，斥奔竞。其建都于洛也，曰：使有德者易以兴，无德者易以亡，其尚公如此。盖于不知不识间，循时势之

推移，偏毗于动机论，而排斥功利论矣。然此皆历史中递嬗之事实，而未立为学说也。管子鉴周治之弊而矫之，始立功利论。然其所谓下令如流水之原，令顺民心，则参以动机论者也。老子苦礼法之拘，而言大道，始立动机论。而其所持柔弱胜刚强之见，则犹未能脱功利论之范围也。商君、韩非子承管子之说，而立纯粹之功利论。庄子承老子之说，而立纯粹之动机论。是为周代伦理学界之大革命家。唯商、韩之功利论，偏重刑罚，仅有消极之作用。而政府万能，压束人民，不近人情，尤不合于我族历史所孳生之心理。故其说不能久行，而唯野心之政治家阴利用之。庄子之动机论，几超绝物质世界，而专求精神之幸福。非举当日一切家族社会国家之组织而悉改造之，不足以普及其学说，尤与吾族父兄政府之观念相冲突。故其说不特恒为政治家所排斥，而亦无以得普通人之信仰，唯遁世之士颇寻味之。（汉之政治家言黄老、不言老庄以此。）其时学说，循历史之流委而组织之者，唯儒、墨二家。唯墨子绍述夏商，以挽周弊，其兼爱主义，虽可以质之百世而不惑，而其理论，则专以果效为言，纯然功利论之范围。又以鬼神之祸福胁诱之，于人类所以互相爱利之故，未之详也。而唯循当日社会之组织，使人之克勤克俭，互相协助，以各保其生命，而亦不必有陶淑性情之作用。此必非文化已进之民族所能堪，故其说唯平凡之慈善家颇宗尚之。（如汉之《太上感应》篇，虽托于神仙家，而实为墨学。明人所传之《阴骘篇》《功过格》等，皆其流也。）唯儒家之言，本周公遗意，而兼采唐虞夏商之古义以调燮之。理论实践，无在而不用折中主义：推本性道，以励志士，先制恒产，乃教凡民，此折中于动机论与功利论之间者也。以礼节奢，以乐易俗，此折中于文质之间者也。子为父隐，而吏不挠法，（如孟子言舜为天子，而瞽瞍杀人，则皋陶执之，舜亦不得而禁之。）此折中于公德私德之间者也。人民之道德，禀承于政府，而政府之变置，则又标准于民心，此折中于政府人民之间者也。敬恭祭祀而不言神怪，此折中于人鬼之间者也。虽其哲学之闳深，不及道家；法理之精核，不及法家；人类平等之观念，不及墨家。又其所谓折中主义者，不以至精之名学为基本，时不免有依违背施之迹，故不免为近世学者所攻击。然周之季世，吾族承唐虞以来二千年之进化，而凝结以为社会心理者，实以此种观念为大多数。此其学说所以虽小挫于秦，而自汉以后，卒为吾族伦理界不祧之宗，以至于今日也。

第二期　汉唐继承时代

第一章　总说

汉唐间之学风　周季，处士横议，百家并兴，焚于秦，罢黜于汉，诸子之学说熸矣。儒术为汉所尊，而治经者收拾烬余，治故训不暇给。魏晋以降，又遭乱离，学者偷生其间，无远志，循时势所趋，为经儒，为文苑，或浅尝印度新思想，为清谈。唐兴，以科举之招，尤群趋于文苑。以伦理学言之，在此时期，学风最为颓靡。其能立一家言、占价值于伦理学界者无几焉。

儒教之托始　儒家言，纯然哲学家、政治家也。自汉武帝表章之，其后郡国立孔子庙，岁时致祭。学说有背孔子者，得以非圣无法罪之。于是儒家具有宗教之形式。汉儒以灾异之说，符谶之文，糅入经义。于是儒家言亦含有宗教之性质。是为后世儒教之名所自起。

道教之托始　道家言，纯然哲学家也。自周季，燕齐方士，本上古巫医杂糅之遗俗，而创为神仙家言，以道家有全性葆真之说，则援傅之以为理论。汉武罢黜百家，而独好神仙。则道家言益不得不寄生于神仙家以自全。于是演而为服食，浸而为符箓，而道教遂具宗教之形式，后世有道教之名焉。

佛教之流入　汉儒治经，疲于故训，不足以餍颖达之士；儒家大义，经新莽曹魏之依托，而使人怀疑。重以汉世外戚宦寺之祸，正直之士，多遭惨祸，而汉季人民，酷罹兵燹，激而生厌世之念。是时，适有佛教流入，其哲理契合老庄，而尤为邃博，足以餍思想家。其人生观有三世应报诸说，足以慰藉不聊生之民。其大乘义，有体象同界之说，又无忤于服从儒教之社会。故其教遂能以种种形式，流布于我国。虽有墟寺杀僧之暴主，庐居火书之建议，而不能灭焉。

三教并存而儒教终为伦理学正宗　道、释二家，虽皆占宗教之地位，而其理论方面，范围于哲学。其实践方面，则辟谷之方，出家之法，仅为

少数人所信从。而其他送死之仪，祈祷之式，虽窜入于儒家礼法之中，然亦有增附而无冲突。故在此时期，虽确立三教并存之基础，而普通社会之伦理学，则犹是儒家言焉。

第二章 淮南子

汉初惩秦之败，而治尚黄老，是为中部思想之反动，而倾于南方思想。其时叔孙通采秦法，制朝仪。贾谊、晁错治法家，言治道。虽稍稍绎中部思潮之坠绪，其言多依违儒术，适足为武帝时独尊儒术之先驱。武帝以后，中部思潮，潜伏于北方思潮之中，而无可标揭。南部思潮，则萧然自处于政治界之外，而以其哲理调和于北方思想焉。汉宗室中，河间献王，王于北方，修经术，为北方思想之代表。而淮南王安王于南方，著书言道德及神仙黄白之术，为南方思想之代表焉。

小传 淮南王安，淮南王长之子也。长为文帝弟，以不轨失国，夭死。文帝三分其故地，以王其三子，而安为淮南王。安既之国，行阴德，拊循百姓，招致宾客方术之士数千人，以流名誉。景帝时，与于七国之乱，及败，遂自杀。

著书 安尝使其客苏飞、李尚、左吴、田由、雷被、毛被、晋昌等八人，及诸儒大山小山之徒，讲论道德。为内书二十一篇，为外书若干卷，又别为中篇八卷，言神仙黄白之术，亦二十余万言。其内书号曰"鸿烈"。高诱曰："鸿者大也，烈者明也，所以明大道也。"刘向校定之，名为《淮南内篇》，亦名《刘安子》。而其外书及中篇皆不传。

南北思想之调和 南北两思潮之大差别，在北人偏于实际，务证明政治道德之应用。南人偏于理想，好以世界观演绎为人生观之理论。皆不措意于差别界及无差别界之区畔，故常滋聚讼。苟循其本，固非不可以调和者。周之季，尝以中部思潮为绍介，而调和于应用一方面。及汉世，则又有于理论方面调和之者，淮南子、扬雄是也。淮南子有见于老庄哲学专论宇宙本体，而略于研究人性，故特揭性以为教学之中心，而谓发达其性，可以达到绝对界。此以南方思想为根据，而辅之以北方思想者也。扬雄有见于儒者之言虽本现象变化之规则，而推演之于人事，而于宇宙之本体，未遑研究，故撷取老庄哲学之宇宙观，以说明人性之所自。此以北方思想为根据，而辅之以南方思想者也。二者，取径不同，而其为南北思想理论界之调人，则一也。

道 淮南子以道为宇宙之代表，本于老庄；而以道为能调摄万有包含天则，则本于北方思想。其于本体、现象之间，差别界、无差别界之限，亦稍发其端倪。故于《原道训言》之曰："夫道者，覆天载地，廓四方，析八极，高不可际，深不可测，包裹天地，禀授无形，虚流泉浮，冲而徐盈，混混滑滑，浊而徐清。故植之而塞天地，横之而弥四海，施之无穷而无朝夕，舒之而幎六合，卷之而不盈一握。约而能张，幽而能明，弱而能强，柔而能刚。横四维，含阴阳，纮宇宙，章三光。甚淖而溽，甚纤而微。山以之高，渊以之深，兽以之走，鸟以之飞，日月以之明，星历以之行，麟以之游，凤以之翔。泰古二皇，得道之柄，立于中央，神与化游，以抚四方。"虽然，道之作用，主于结合万有，而一切现象，为万物任意之运动，则皆消极者，而非积极者。故曰："夫有经纪条贯，得一之道，而连千枝万叶，是故贵有以行令，贱有以忘卑，贫有以乐业，困有以处危。所以然者何耶？无他，道之本体，虚静而均，使万物复归于同一之状态者也。"故曰："太上之道，生万物而不有，成化象而不宰。跂行喙息，蠉飞蠕动，待之而后生，而不之知德，待之而后死，而不之能怨。得以利而不能誉，用以败而不能非。收聚蓄积而不加富，旋县而不可究，纤微而不可勤，累之而不高，堕之而不下，虽益之而不众，虽损之而不寡，虽斫之而不薄，虽杀之而不残，虽凿之而不深，虽填之而不浅。忽兮怳兮，不可为象，怳兮忽兮，用而不屈。幽兮冥兮，应于无形。遂兮洞兮，虚而不动。卷归刚柔，俯仰阴阳。"

性 道既虚净，人之性何独不然，所以扰之使不得虚静者，知也。虚静者天然，而知则人为也。故曰："人生而静，天之性也。感而后动，性之害也。物至而应之，知之动也。知与物接，而好憎生，好憎成形，知诱于外，而不能反己，天理灭矣。"于是圣人之所务，在保持其本性而勿失之。故又曰："达其道者不以人易天，外化物而内不失其情，至无而应其求，时骋而要其宿，小大修短，各有其是，万物之至也。腾踊肴乱，不失其数。"

性与道合 虚静者，老庄之理想也。然自昔南方思想家，不于宇宙间认有人类之价值，故不免外视人性。而北方思想家子思之流，则颇言

性道之关系，如《中庸》诸篇是也。淮南子承之，而立性道符同之义，曰："清净恬愉，人之性也。"以道家之虚静，代中庸之诚，可谓巧于调节者。其齐俗训之言曰："率性而行之之为道，得于天性之谓德。"即《中庸》所谓"率性之为道，修道之为教"也。于是以性为纯粹具足之体，苟不为外物所蔽，则可以与道合一。故曰："夫素之质白，染之以涅则黑。缣之性黄，染之以丹则赤。人之性无邪，久湛于俗则易，易则忘本而若合于性。故日月欲明，浮云蔽之。河水欲清，沙石秽之。水性欲平，嗜欲害之。唯圣人能遗物而已。"夫人乘船而惑，不知东西，见斗极而悟。性，人之斗极也，有以自见，则不失物之情；无以自见，则动而失营。

修为之法 承子思之性论而立性善论者，孟子也。孟子揭修为之法，有积极、消极二义，养浩然之气及求放心是也。而淮南子既以性为纯粹具足之体，则有消极一义而已足。以为性者，无可附加，唯在去欲以反性而已。故曰："为治之本，务在安民。安民之本，在足用。足用之本，在无夺时。无夺时之本，在省事。省事之本，在节欲。"节欲之本，在反性。反性之本，在去载。去载则虚，虚则平。平者，道之素也。虚者，道之命也。能有天下者，必不丧其家。能治其家者，必不遗其身。能修其身者，必不忘其心。能原其心者，必不亏其性。能全其性者，必不惑于道。"载者，浮华也，即外界诱惑之物，能刺激人之嗜欲者也。然淮南子亦以欲为人性所固有而不能绝对去之，故曰："圣人胜于心，众人胜于欲，君子行正气，小人行邪性。内便于性，外合于义，循理而动，不系于殉，正气也。重滋味，淫声色，发喜怒，不顾后患者，邪气也。邪与正相伤，欲与性相害，不可两立，一置则一废，故圣人损欲而从事于性。目好色，耳好声，口好味，接而悦之，不知利害，嗜欲也。食之而不宁于体，听之而不合于道，视之而不便于性，三宫交争，以义为制者，心也。痤疽非不痛也。饮毒药，非不苦也。然而为之者，便于身也。渴而饮水，非不快也。饥而大食，非不澹也。然而不为之者，害于性也。四者，口耳目鼻，不如取去，心为之制，各得其所。"由是观之，欲之不可胜也明矣。凡治身养性，节寝处，适饮食，和喜怒，便动静，得之在己，则邪气因而不生。又曰："情适于性，则欲不过节。"然则淮南子之意，固以为欲不能尽灭，唯有以节之，使不致生邪气以害性而已。盖欲之适性者，合于自然；其不适于性者，则不自然。自然之欲可存；而不自然之欲，不可不勉去之。

善即无为 淮南子以反性为修为之极则，故以无为为至善，曰：所谓善者，静而无为也。所为不善者，躁而多欲也。适情辞余，无所诱惑，循性保真而无变。故曰：为善易。越城郭，踰险塞，奸符节，盗管金，篡杀矫诬，非人之性也。故曰：为不善难。

理想之世界 淮南子之性善说，本以老庄之宇宙观为基础，故其理想之世界，与老庄同。曰："性失然后贵仁，过失然后贵义。是故仁义足而道德迁，礼乐余则纯朴散，是非形则百姓眩，珠玉尊则天下争。凡四者，衰世之道也，末世之用也。"又曰："古者民童蒙，不知东西，貌不羡情，言不溢行，其衣致煖而无文，其兵戈铢而无刃，其歌乐而不转，其哭哀而无声。凿井而饮，耕田而食，无所施其美，亦不求得，亲戚不相毁誉，朋友不相怨德。及礼义之生，货财之贵，而诈伪萌兴，非誉相纷，怨德并行。于是乃有曾参孝己之美，生盗跖庄蹻之邪。故有大路龙旗羽盖垂缨结驷连骑，则必有穿窬拊揵抽箕踰备之奸，有诡文繁绣弱袶罗纨，则必有菅跻跻踦短褐不完。故高下之相倾也，短修之相形也，明矣。"其言固亦有倒果为因之失，然其意以社会之罪恶，起于不平等；又谓至治之世，无所施其美，亦不求得，则名言也。

性论之矛盾 淮南子之书，成于众手，故其所持之性善说，虽如前述，而间有自相矛盾者。曰："身正性善，发愤而为仁，悒凭而为义，性命可说，不待学问而合于道者，尧舜文王也。沈湎耽荒，不教以道者，丹朱商均也。曼颊皓齿，形夸骨徕，不待脂粉芳泽而可性说者，西施阳文也。嗜吻哆吻，蘧蒢戚施，虽粉白黛黑，不能为美者，嫫母仳倠也。夫上不及尧舜，下不及商均，美不及西施，恶不及嫫母，是教训之所谕。"然则人类特殊之性，有偏于美恶两极而不可变，如美丑焉者，常人列于其间，则待教而为善，是即孔子所谓性相近，唯上知与下愚不移者也。淮南子又常列举尧、舜、禹、文王、皋陶、启、契、史皇、羿九人之特性而论之曰："是九贤者，千岁而一出，犹继踵而生，今无五圣之天奉，四俊之才难，而欲弃学循性，是犹释船而欲蹍水也。"然则常人又不可以循性，亦与其本义相违者也。

结论 淮南子之特长，在调和儒、道两家，而其学说，则大抵承前人所见而阐述之而已。其主持性善说，而不求其与性对待之欲之所自出，亦

无以异于孟子也。

第三章　董仲舒

小传　董仲舒，广川人。少治春秋，景帝时，为博士。武帝时，以贤良应举，对策称旨。武帝复策之，仲舒又上三策，即所谓《天人策》也。历相江都王、胶西王，以病免，家居著书以终。

著书　《天人策》为仲舒名著，其第三策，请灭绝异学，统一国民思想，为武帝所采用，遂尊儒术为国教，是为伦理史之大纪念。其他所著书，有所谓《春秋繁露》《玉杯》《竹林》之属，其详已不可考。而传于世者号曰《春秋繁露》，盖后儒所缀集也。其间虽多有五行灾异之说，而关于伦理学说者，亦颇可考见云。

纯粹之动机论　仲舒之伦理学，专取动机论，而排斥功利说。故曰："正其义不谋其利，明其道不计其功。"此为宋儒所传诵，而大占势力于伦理学界者也。

天人之关系　仲舒立天人契合之说，本上古崇拜自然之宗教而敷张之。以为踪迹吾人之生系，自父母而祖父母而曾父母，又递推而上之，则不能不推本于天，然则人之父即天也。天者，不特为吾人理法之标准，而实有血族之关系，故吾人不可不敬之而法之。然则天之可法者何在耶？曰："天覆育万物，化生而养成之，察天之意，无穷之仁也。"天常以爱利为意，以养为事。又曰："天生之以孝悌，无孝悌则失其所以生。地养之以衣食，无衣食则失其所以养。人成之以礼乐，无礼乐则失其所以成。"言三才之道唯一，而宇宙究极之理想，不外乎道德也。由是以人为一小宇宙，而自然界之变异，无不与人事相应。盖其说颇近于墨子之有神论，而其言天以爱利为道，亦本于墨子也。

性　仲舒既以道德为宇宙全体之归宿，似当以人性为绝对之善，而其说乃不然。曰："禾虽出米，而禾未可以为米。性虽出善，而性未可以为善。茧虽有丝，而茧非丝。卵虽出雏，而卵非雏。故性非善也。性者，禾也，卵也，茧也。卵待复而后为善雏，茧待练而后为善丝，性待教训而后能善。善者，教诲所使然也，非质朴之能至也。"然则性可以为善，而非即善也。故又驳性善说，曰："循三纲五纪，通八端之理，忠信而博爱，敦厚而好礼,乃可谓善,是圣人之善也。故孔子曰:'善人吾不得而见之,得见有恒者斯可矣。'由是观之,圣人之所谓善,亦未易也。善于禽兽,非可谓善也。"又曰:"天地之所生谓之性情,情与性一也,暝情亦性也。谓性善则情奈何?故圣人不谓性善以累其名。身之有性情也,犹之有阴阳也。"言人之性而无情,犹言天之阳而无阴也。仁、贪两者,皆自性出,必不可以一名之也。

性论之范围 仲舒以孔子有上知下愚不移之说,则从而为之辞曰:"圣人之性,不可以名性,斗筲之性,亦不可以名性。性者,中民之性也。"是亦开性有三品说之端者也。

教 仲舒以性必待教而后善,然则教之者谁耶?曰:在王者,在圣人。盖即孔子之所谓上知不待教而善者也。故曰:"天生之,地载之,圣人教之。君者,民之心也。民者,君之体也。心之所好,天必安之。君之所命,民必从之。故君民者,贵孝悌,好礼义、重仁廉、轻财利,躬亲职此于上,万民听而生善于下,故曰:先王以教化民。"

仁义 仲舒之言修身也,统以仁义,近于孟子。唯孟子以仁为固有之道德性,而以义为道德法则之认识,皆以心性之关系言之;而仲舒则自其对于人我之作用而言之,盖本其原始之字义以为说者也。曰:"春秋之所始者,人与我也。所以治人与我者,仁与义也。仁以安人,义以正我,故仁之为言人也,义之为言我也,言名以别,仁之于人,义之于我,不可不察也。众人不察,乃反以仁自裕,以义设人,绝其处,逆其理,鲜不乱矣。"又曰:"春秋为仁义之法,仁之法在爱人,不在爱我。义之法在正我,不在正人。我不自正,虽能正人,而义不予。不被泽于人,虽厚自爱,而仁不予。"

结论 仲舒之论理学说,虽所传不具,而其性论,不毗于善恶之一偏,为汉唐诸儒所莫能外。其所持纯粹之动机论,为宋儒一二学派所自出,于伦理学界颇有重要之关系也。

第四章 扬雄

小传 扬雄,字子云,蜀之成都人。少好学,不为章句训诂,而博览,好深湛之思,为人简易清净,不汲汲于富贵。哀帝时,官至黄门郎。

王莽时,被召为大夫。以天凤七年卒,年七十一。

著书 雄尝治文学及言语学,作词赋及方言训纂篇等书。晚年,专治哲学,仿《易传》著《太玄》,仿《论语》著《法言》。《太玄》者,属于理论方面,论究宇宙现象之原理,及其进动之方式。《法言》者,属于实际方面,推究道德政治之法则。其伦理学说,大抵见于《法言》云。

玄 扬雄之伦理学说,与其哲学有密切之关系。而其哲学,则融会南北思潮而较淮南子更明晰更切实也。彼以宇宙本体为玄,即老庄之所谓道也。而又进论其动作之一方面,则本易象中现象变化之法则,而推阐为各现象公动之方式。故如其说,则物之各部分,与其全体,有同一之性质。宇宙间发生人类,人类之性,必同于宇宙之性。今以宇宙之本体为玄,则人各为一小玄体,而其性无不具有玄之特质矣。然则所谓玄者如何耶?曰:"玄者,幽摛万物而不见形者也。资陶万物而生规,摑神明而定摹,通古今以开类,摑指阴阳以发气,一判一合,天地备矣。天日回行,刚柔接矣。还复其所,始终定矣。一生一死,性命莹矣。仰以观象,俯以观情,察性知命,原始见终,三仪同科,厚薄相劘,圆者杌陧,言者啬丢,嘘者流体,唅者凝形。"盖玄之本体,虽为虚静,而其中包有实在之动力,故动而不失律。盖消长二力,并存于本体,而得保其均衡。故本体不失其为虚静,而两者之潜势力,亦常存而不失焉。

性 玄既如是,性亦宜然。故曰:"天降生民,倥侗颛蒙。"谓乍观之,不过无我无知之状也。然玄之中,由阴阳之二动力互相摄而静定。则性之中,亦当有善恶之二分子,具同等之强度。如中性之水,非由蒸气所成,而由于酸碱两性之均衡也。故曰:"人之性也,善恶混。修其善则为善人,修为恶则为恶人。气也者,适于善恶之马也。"雄所谓气,指一种冲动之能力,要亦发于性而非在性以外者也。然则雄之言性,盖折中孟子性善、荀子性恶二说而为之,而其玄论亦较孟、荀为圆足焉。

性与为 人性者,一小玄也。触于外力,则气动而生善恶。故人不可不善驭其气。于是修为之方法尚已。

修为之法 或问何如斯之谓人?曰:取四重,去四轻。何谓四重?曰:重言,重行,重貌,重好。言重则有法,行重则有德,貌重则有威,好重则有欢。何谓四轻?曰:言轻则招忧,行轻则招辜,貌轻则招辱,好轻则招淫。其言不能出孔子之范围。扬雄之学,于实践一方面,全袭儒家之旧。其言曰："老子之言道德也，吾有取焉。其搥提仁义，绝灭礼乐，吾无取焉。"可以观其概矣。

模范 雄以人各为一小玄，故修为之法，不可不得师，得其师，则久而与之类化矣。故曰："勤学不若求师。师者，人之模范也。"曰："螟蠕之子，殪而遇蜾蠃，蜾蠃见之，曰：类我类我，久则肖之，速矣哉。七十子之似仲弓也，或问人可铸与？曰：孔子尝铸颜回矣。"

结论 扬雄之学说，以性论为最善，而于性中潜力所由以发动之气，未尝说明其性质，是其性论之缺点也。

第五章 王充

汉代自董、扬以外，著书立言，若刘向之《说苑》《新序》，桓谭之《新论》，荀悦之《申鉴》，以至徐幹之《中论》，皆不愧为儒家言，而无甚创见。其抱革新之思想，而敢与普通社会奋斗者，王充也。

小传 王充，字仲任，上虞人。师事班彪，家贫无书，常游洛阳市肆，阅所卖书，遂博通众流百家之言。著《论衡》八十五篇，养性书十六篇。今所传者唯《论衡》云。

革新之思想 汉儒之普通思想，为学理进步之障者二：曰迷信，曰尊古。王充对于迷信，有《变虚》《异虚》《感虚》《福虚》《祸虚》《龙虚》《雷虚》《道虚》等篇。于一切阴阳灾异及神仙之说，掊击不遗余力，一以其所经验者为断，粹然经验派之哲学也。其对于尊古，则有《刺孟》《非韩》《问孔》诸篇。虽所举多无关宏旨，而要其不阿所好之精神，有可取者。

无意志之宇宙论 王充以人类为比例，以为凡有意志者必有表见其意志之机关，而宇宙则无此机关，则断为无意志。故曰："天地者，非有为者也。凡有为者有欲，而表之以口眼者也。今天者如云雾，地者其体土也。故天地无口眼，而亦无为。"

万物生于自然 宇宙本无意志，仅为浑然之元气，由其无意识之动，而天地万物，自然生焉。王充以此意驳天地生万物之旧说。曰："凡所谓生之者，必有手足，今云天地生之，而天地无有手足之理，故天地万物之生，自然也。"

气与形　形与命　天地万物，自然而生，物之生也，各禀有一定之气，而所以维持其气者，不可不有相当之形，形成于生初，而一生之运命及性质，皆由是而定焉。故曰："俱禀元气，或为禽兽，或独为人，或贵或贱，或贫或富，非天禀施有左右也。人物受性，有厚薄也。"又曰："器形既成，不可小大。人体已定，不可减增。用气为性，性成命定。体气与形骸相抱，生死与期节相须。"又曰："其命富者，筋力自强，命贵之人，才智自高。"（班彪尝作《王命论》，充师事彪，故亦言有命。）

骨相　人物之运命及性质，皆定于生初之形。故观其骨相，而其运命之吉凶，性质之美恶，皆得而知之。其所举因骨相而知性质之证例。有曰："越王勾践长颈乌喙，范蠡以为可以共忧患而不可与共安乐。秦始皇隆准长耳鹰胸犀声，其性残酷而少恩云。"

性　王充之言性也，综合前人之说而为之。彼以为孟子所指为善者，中人以上之性，如孔子之生而好礼是也。荀子所指为恶者，中人以下之性，少而无推让之心是也。至扬雄所谓善恶混者，则中人之性也。性何以有善恶？则以其禀气有厚薄多少之别。禀气尤厚尤多者，恬淡无为，独肖元气，是谓至德之人，老子是也。由是而递薄递少，则以渐不肖元气焉。盖王充本老庄之义，而以无为为上德云。

恶　王充以人性之有善恶，由于禀气有厚薄多少之别。此所谓恶，盖仅指其不能为善之消极方面言之，故以为禀气少薄之故。至于积极之恶，则又别举其原因焉。曰："万物有毒之性质者，由太阳之热气而来，如火烟入眼中，则眼伤。火者，太阳之热所变也。受此热气最甚者，在虫为蜂；在草为莴、巴豆、冶；在鱼为鲑、鲵、鲨；在人为小人。"然则充之意，又以为元气中含有毒之分子，而以太阳之热气代表之也。

结论　王充之特见，在不信汉儒天人感应之说。其所言人之命运及性质与骨相相关，颇与近世唯物论以精神界之现象悉推本于生理者相类，在当时不可谓非卓识。唯彼欲以生初之形，定其一生之命运及性质，而不悟体育及智、德之教育，于变化体质及精神，皆有至大之势力，则其所短也。要之，充实为代表当时思想之一人，盖其时人心已厌倦于经学家，天人感应五行灾异之说，又将由北方思潮而嬗于南方思想。故其时桓谭、冯衍皆不言谶，而王充有变虚、异虚诸篇，且以老子为上德。由是而进，则南方思想愈炽，而魏晋清谈家兴焉。

第六章　清淡家之人生观

自汉以后，儒学既为伦理学界之律贯，虽不能人人实践，而无敢昌言以反对之者。不特政府保持之力，抑亦吾民族由习惯而为遗传性，又由遗传性而演为习惯，往复于儒教范围中，迭为因果，其根柢深固而不可摇也。其间偶有一反动之时代，显然以理论抗之者，为魏晋以后之清谈家。其时虽无成一家之言者，而于伦理学界，实为特别之波动。故钩稽事状，缀辑断语，而著其人生观之大略焉。

起原　清谈家之所以发生于魏晋以后者，其原因颇多：（一）经学之反动。汉儒治经，囿于诂训章句，牵于五行灾异，而引以应用于人事。积久而高明之士，颇厌其拘迂。（二）道德界信用之失。汉世以经明行修孝廉方正等科选举吏士，不免有行不副名者，而儒家所崇拜之尧舜周公，又迭经新莽魏文之假托，于是愤激者遂因而怀疑于历史之事实。（三）人生之危险。汉代外戚宦官，更迭用事。方正之士，频遭惨祸，而无救于危亡。由是兵乱相寻，贤愚贵贱，均有朝不保夕之势。于是维持社会之旧学说，不免视为赘疣。（四）南方思想潜势力之发展。汉武以后，儒家言虽因缘政府之力，占学界统一之权，而以其略于宇宙论之故，高明之士，无以自餍。故老庄哲学，终潜流于思想界而不灭。扬雄当儒学盛行时，而著书兼采老庄，是其证也。及王充时，潜流已稍稍发展。至于魏晋，则前之三因，已达极点，思想家不能不援老庄方外之观以自慰，而其流遂漫衍矣。（五）佛教之输入。当此思想界摇动之时，而印度之佛教，适乘机而输入，其于厌苦现世超度彼界之观念，尤为持之有故而言之成理。于是大为南方思想之助力，而清谈家之人生观出焉。

要素　清谈家之思想，非截然舍儒而合于道、佛也，彼盖灭裂而杂糅之。彼以道家之无为主义为本，而于佛教则仅取其厌世思想，于儒家则留其阶级思想（阶级思想者，源于上古时百姓、黎民之分，孔孟则谓之君子、小人，经秦而其迹已泯。然人类不平等之思想，遗传而不灭，观东晋以后之言门第可知也。）及有命论。（夏道尊命，其义历商周而不灭。孔子虽号罕言命，而常有有命、知命、俟命之语。唯儒家言命，其使人克尽义务，而不为境界所移。汉世不遇之士，则借以寄其怨愤。至王充则引以合

于道家之无为主义，则清谈家所本也。）有阶级思想，而道、佛两家之人类平等观，儒、佛两家之利他主义，皆以为不相容而去之。有厌世思想，则儒家之克己，道家之清净，以至佛教之苦行，皆以为徒自拘苦而去之。有命论及无为主义，则儒家之积善，佛教之济度，又以为不相容而去之。于是其所余之观念，自等也，厌世也，有命而无可为也，遂集合而为苟生之唯我论，得以伪列子之《杨朱篇》代表之。（《杨朱篇》虽未能确指为何人所作，然以其理论与清谈家之言行正相符合，故假定为清谈家之学说。）略叙其说于下：

人生之无常 《杨朱篇》曰："百年者，寿之大齐，得百年者千不得一。设有其一，孩抱以逮昏老，夜眠之所弭者或居其半，昼觉之所遗者又几居其半，痛疾哀苦亡失忧惧又或居其半，量十数年之中，逍遥自得，无介焉之虑者，曾几何时！人之生也，奚为哉？奚乐哉？"曰："十年亦死，百年亦死，生为尧舜，死则腐骨，生为桀纣，死亦腐骨，一而已矣。"言人生至短且弱，无足有为也。阮籍之《大人先生传》，用意略同。曰："天地之永固，非世俗之所及。往者天在下，地在上，反复颠倒，未之安固，焉能不失律度？天固地动，山陷川起，云散震坏，六合失理，汝又焉得择地而行，趋步商羽。往者祥气争存，万物死虑，支体不从，身为泥土，根拔枝除，咸失其所，汝又安得束身修行，磬折抱鼓。李牧有功而身死，伯宗忠而世绝，进而求利以丧身，营爵赏则家灭，汝又焉得金玉万亿，挟纸奉君上全妻子哉？"要之，以有命为前提，而以无为为结论而已。

从欲 彼所谓无为者，谓无所为而为之者也。无所为而为之，则如何？曰"视吾力之所能至，以达吾意之所向而已。"《杨朱篇》曰："太古之人，知生之暂来，而死之暂去，故从心而不违自然。"又曰："恣耳之所欲听，恣目之所欲视，恣鼻之所欲向，恣口之所欲言，恣体之所欲安，恣意之所欲行。耳所欲闻者音声，而不得听之，谓之阏聪。目所欲见者美色，而不得见之，谓之阏明。鼻所欲向者椒兰，而不得嗅之，谓之阏颤。口所欲道者是非，而不得言之，谓之阏智。体所欲安者美厚，而不得从之，谓之阏适。意所欲为者放逸，而不得行之，谓之阏往。凡是诸阏，废虐之主。去废虐之主，则熙熙然以俟死，一日、一月、一年、十年，吾所谓养也（即养生）。拘于废虐之主，缘而不舍，戚戚然以久生，虽至百年、千年、万年，非吾所谓养也。"又设为事例以明之曰："子产相郑，其兄公孙朝好酒，弟公孙穆好色。方朝之纵于酒也，不知世道之安危，人理之悔吝，室内之有亡，亲族之亲疏，存亡之哀乐，水火兵刃，虽交于前而不知。方穆之耽于色也，摒亲昵，绝交游。子产戒之。朝、穆二人对曰：'凡生难遇而死易及，以难遇之生，俟易及之死，孰当念哉。而欲尊礼义以夸人，矫情性以招名，吾以此为不若死。'而欲尽一生之欢，穷当年之乐，唯患腹溢而口不得恣饮，力惫而不得肆情于色，岂暇忧名声之丑、性命之危哉！"清谈家中，如阮籍、刘伶、毕卓之纵酒，王澄、谢鲲等之以任放为达，不以醉裸为非，皆由此等理想而演绎之者也。

排圣哲 《杨朱篇》曰："天下之美，归之舜禹周孔。天下之恶，归之桀纣。然而舜者，天民之穷毒者也。禹者，天民之忧苦者也。周公者，天民之危惧者也。孔子者，天民之遑遽者也。凡彼四圣，生无一日之欢，死有万世之名，名固非实之所取也；虽称之而不知，虽赏之而不知，与株块奚以异？桀者，天民之逸荡者也。纣者，天民之放纵者也。之二凶者，生有从欲之欢，死有愚暴之名，实固非名之所与也；虽毁之而不知，虽称之而不知，与株块奚以异？"此等思想，盖为汉魏晋间篡弑之历史所激而成者。如庄子感于田横之盗齐，而言圣人之言仁义适为大盗积者也。嵇康自言尝非汤武而薄周孔，亦其义也。此等问题，苟以社会之大，历史之久，比较而探究之，自有其解决之道，如孟子、庄子是也。而清谈家则仅以一人及人之一生为范围，于是求其说而不可得，则不得不委之于命，由怀疑而武断，促进其厌世之思想，唯从欲以自放而已矣。

旧道德之放弃 《杨朱篇》曰："忠不足以安君，而适足以危身。义不足以利物，而适足以害生。安上不由忠而忠名灭，利物不由义而义名绝，君臣皆安物而不兼利，古之道也。"此等思想，亦迫于正士不见容而发，然亦由怀疑而武断，而出于放弃一切旧道德之一途。阮籍曰："礼岂为我辈设！"即此义也。曹操之枉奏孔融也，曰："融与白衣弥衡，跌荡放言，云：父之于子，当有何亲？论其本意，实为情欲发耳。子之于母，亦复奚为？譬如寄物瓶中，出则离矣。"此等语，相传为路粹所虚构，然使路粹不生丁〔于〕是时，则亦不能忽有此意识。又如谢安曰："子弟亦何预人事，而欲使其佳。"谢玄云："如芝兰不树，欲其生于庭阶耳。"此亦足以窥当时思想界之一斑也。

不为恶 彼等无在而不用其消极主义，故放弃道德，不为善也。而亦不肯为恶。范滂之罹祸也，语其子曰："我欲令汝为恶，则恶不可为，复令汝为美，则我不为恶。"盖此等消极思想，已萌芽于汉季之清流矣。《杨朱篇》曰："生民之不得休息者，四事之故：一曰寿，二曰名，三曰位，四曰货。为是四者，畏鬼，畏人，畏威，畏形，此之谓遁人。可杀可活，制命者在外，不逆命，何羡寿。不矜贵，何羡名。不要势，何羡位。不贪富，何羡货。此之谓顺民。"又曰："不见田父乎，晨出夜入，自以性之恒，啜粟茹藿，自以味之极，肌肉粗厚，筋节腃急，一朝处以柔毛纻幕，荐以梁肉兰橘，则心痛体烦，而内热生病。使商鲁之君，处田父之地，亦不盈一时而殙，故野人之安，野人之美也，天下莫过焉。"彼等由有命论、无为论而演绎之，则为安分知足之观念。故所谓从欲焉者，初非纵欲而为非也。

排自杀 厌世家易发自杀之意识，而彼等持无为论，则亦反对自杀。《杨朱篇》曰："孟孙阳曰：若是，则速亡愈于久生。践锋刃，入汤火，则得志矣。杨子曰：不然，生则废而任之，究其所欲，以放于尽，无不废焉，无不任焉，何遽欲迟速于其间耶？"（佛教本禁自杀，清谈家殆亦受其影响。）

不侵人之唯我论 凡利己主义，不免损人，而彼等所持，则利己而并不侵人，为纯粹之无为论。故曰：古之人损一毫以利天下，不与也。悉天下以奉一人，不取也。人人不损一毫，人人不利天下，则天下自治。

反对派之意见 方清谈之盛行，亦有一二反对之者。如晋武帝时，傅玄上疏曰："先王之御天下也，教化隆于上，清议行于下，近者魏武好法术，天下贵刑名。魏文慕通达，天下贱守节。其后纲维不摄，放诞盈朝，遂使天下无复清议。"惠帝时，裴頠作《崇有论》曰："利欲虽当节制，而不可绝去，人事须当节，而不可全无。今也，谈者恐有形之累，盛称虚无之美，终薄综世之务，贱内利之用，悖吉凶之礼，忽容止之表，渎长幼之序，混贵贱之级，无所不至。夫万物之性，以有为引，心者非事，而制事必由心，不可谓心为无也。匠者非器，而制器必须匠，不可谓非有匠也。"由是观之，济有者皆有也，人类既有，虚无何益哉。其言非不切著，而限于常识，不足以动清谈家思想之基础，故未能有济也。

结论 清谈家之思想，至为浅薄无聊，必非有合群性之人类所能耐，

故未久而熸 其于儒家伦理学说之根据，初未能有所震撼也。

第七章 韩愈

方清谈之盛，南方学者，如王勃之流，尝援老庄以说经。而北方学者，如徐遵明、李铉辈，皆笃守汉儒诂训章句之学，至隋唐而未沫。齐陈以降，南方学者，倦于清谈，则竞趋于文苑，要之皆无关于学理者也。隋之时，龙门王通，始以绍述北方之思想自任，尝仿孔子作《王氏六经》，皆不传，传者有《中论》，其弟子所辑，以当孔氏之《论语》者也。其言皆夸大无精义，其根本思想，曰执中。其调和异教之见解，曰三教一致。然皆标举题目，而未有特别之说明也。唐中叶以后，南阳韩愈，慨六朝以来之文章，体格之卑靡，内容之浅薄，欲导源于群经诸子以革新之。于是始从事于学理之探究，而为宋代理学之先驱焉。

小传 韩愈，字退之，南阳人。年八岁，始读书。及长，尽通六经百家之学。贞元八年，擢进士第，历官至吏部侍郎，其间屡以直谏被贬黜。宪宗时，上《迎佛骨表》，其最著者也。穆宗时卒，谥曰文。

儒教论 愈之意，儒教者，因人类普通之性质，而自然发展，于伦理之法则，已无间然，决不容舍是而他求者也。故曰："夫先王之教何也？博爱之谓仁，行而宜之之谓义，由是而之焉之谓道，足于己无待于外之谓德。""其文诗书易春秋，其法礼乐刑政，其民士农工商，其位君臣父子师友宾主昆弟夫妇，其服麻丝，其居宫室，其食粟米蔬果鱼肉，其道也易明，其教也易行。是故以之为己则顺而祥，以之为人则爱而公，以之为心则和而平，以之为天下国家，则处之而无不当。是故生得其情，死尽其常，郊而天神飨，庙而人鬼假。"其叙述可谓简而能赅，然第即迹象而言，初无关乎学理也。

排老庄 愈既以儒家为正宗，则不得不排老庄。其所以排之者曰："今其言曰，圣人不死，大盗不止。剖斗折衡，而民不争。呜呼！其亦不思而已矣。使无圣人，则人类灭久矣。何则？无羽毛鳞甲以居寒热也。"又曰："今其言曰：易不为太古之无事，是责冬之裘者，曰曷不易之以葛；责饥之食者，曰曷不易之以饮也。"又曰："老子之小仁义也，其所见者小也。彼以煦煦为仁，孑孑为义，其小之也固宜。"又曰："凡吾所谓道德，

合仁与义而言之也,天下之公言也。老子之所谓道德,去仁与义而言之也,一人之私言也。"皆对于南方思想之消极一方面,而以常识攻击之;至其根本思想,及积极一方面,则未遑及也。

排佛教 王通之论佛也,曰:佛者,圣人也。其教,西方之教也。在中国则泥,轩车不可以通于越,冠冕不可以之胡,言其与中国之历史风土不相容也。韩愈之所以排佛者,亦同此义,而附加以轻侮之意。曰:"今其法曰,必弃而君臣,去而父子,禁而相生相养之道,以求所谓清净寂灭。呜呼!其亦幸而于三代之后,不见黜于禹汤文武周公孔子也。"盖愈之所排,佛教之形式而已。

性 愈之立说稍合于学理之范围者,性论也。其言曰:"性有三品,上者善而已,中者可导而上下者也,下者恶而已。孟子之言性也,曰:人之性善。荀子之言性也,曰:人之性恶。杨子之言性也,人之性善恶混。夫始也善而进于恶,始也恶而进于善,始也善恶混,而今也为善恶,皆举其中而遗其上下,得其一而失其二者也。"又曰:"所以为性者五:曰仁,曰礼,曰信,曰义,曰智。上者主一而行四,中者少有其一而亦少反之,其于四也混,下者反一而悖四。"其说亦以孔子性相近及上下不移之言为本,与董仲舒同。而所以规定之者,较为明晰。至其以五常为人性之要素,而为三品之性,定所含要素之分量,则并无证据,臆说而已。

情 愈以性与情有先天、后天之别,故曰:"性者,与生俱生者也。情者,接物而生者也。"又以情亦有三品,随性而为上中下。曰:"所以为情者七:曰喜,曰怒,曰哀,曰惧,曰爱,曰恶,曰欲。上者,七情动而处其中。中者有所甚,有所亡,虽然,求合其中者也。下者,亡且甚,直情而行者也。"如其言,则性情殆有体用之关系。故其品相因而为高下,然愈固未能明言其所由也。

结论 韩愈,文人也,非学者也。其作《原道》也,曰:"尧以是传之舜,舜以是传之禹,禹以是传之汤,汤以是传之文武周公,文武周公传之孔子,孔子传之孟轲,轲之死不得其传也。"隐然以传者自任。然其立说,多敷衍门面,而绝无精深之义。其功之不可没者,在尊孟子以继孔子,而标举性情道德仁义之名,揭排斥老佛之帜,使世人知是等问题,皆有特别研究之价值,而所谓经学者,非徒诵习经训之谓焉。

第八章 李翱

小传 李翱，字习之，韩愈之弟子也。贞元十四年，登进士第，历官至山南节度使，会昌中，殁于其地。

学说之大要 翱尝作《复性书》三篇，其大旨谓性善情恶，而情者性之动也。故贤者当绝情而复性。

性 翱之言性也，曰："性者，所以使人为圣人者也。寂然不动，广大清明，照感天地，遂通天地之故。行止语默，无不处其极，其动也中节。"又曰："诚者，圣人性之。"又曰："清明之性，鉴于天地，非由外来也。"其义皆本于中庸，故欧阳修尝谓始读《复性书》，以为中庸之义疏而已。

性情之关系 虽然，翱更进而论吾人心意中性情二者之并存及冲突。曰："人之所以为圣人者，性也。人之所以惑其性者，情也。喜怒哀惧爱恶欲，七者，皆情之为也。情昏则性迁，非性之过也。水之浑也，其流不清。火之烟也，其光不明。然则性本无恶，因情而后有恶。情者，常蔽性而使之钝其作用者也。"与淮南子所谓久生而静天之性感而后动性之害相类。翱于是进而说复性之法曰："不虑不思，则情不生，情不生乃为正思。"又曰："圣人，人之先觉也。觉则明，不然则惑，惑则昏，故当觉。"则不特远取庄子外物而朝彻，实乃近袭佛教之去无明而归真如也。

情之起源 性由天禀，而情何自起哉？翱以为情者性之附属物也。曰："无性则情不生，情者，由性而生者也。情不自情，因性而为情，性不自性，因情以明性。"

至静 翱之言曰："圣人岂无情哉？情有善有不善。"又曰："不虑不思，则情不生。虽然，不可失之于静，静则必有动，动则必有静，有动静而不息，乃为情。当静之时，知心之无所思者，是斋戒其心也，知本与无思，动静皆离，寂然不动，是至静也。"彼盖以本体为性，以性之发动一方面为情，故性者，超绝相对之动静，而为至静，亦即超绝相对之善恶，而为至善。及其发动而为情，则有相对之动静，而即有相对之善恶，故人当斋戒其心，以复归于至静至善之境，是为复性。

结论 翱之说，取径于中庸，参考庄子，而归宿于佛教。既非创见，

而持论亦稍暧昧。然翱承韩愈后，扫门面之谈，从诸种教义中，紬绎其根本思想，而著为一贯之论，不可谓非学说进步之一征也。

第二期结论 自汉至唐，于伦理学界，卓然成一家言者，寥寥可数。独尊儒术者，汉有董仲舒，唐有韩愈。吸收异说者，汉有淮南、扬雄，唐有李翱，其价值大略相等。大抵汉之学者，为先秦诸子之余波。唐之学者，为有宋理学之椎轮而已。魏晋之间，佛说输入，本有激冲思想界之势力，徒以其出世之见，与吾族之历史极不相容。而当时颖达之士，如清谈家，又徒取其消极之义，而不能为其积极一方面之助力。是以佛氏教义之入吾国也，于哲学界，增一种研究之材料；于社会间，增一穷而无告者之蓬庐；于平民心理，增一来世应报之观念；于审察仪式中，窜入礼谶布施之条目。其势力虽不可消灭，而要之吾人家族及各种社会之组织，初不因是而摇动也。

第三期　宋明理学时代

第一章　总说

有宋理学之起原　魏晋以降，苦于汉儒经学之拘腐，而遁为清谈。齐梁以降，歉于清谈之简单，而缛为诗文。唐中叶以后，又餍于体格靡丽内容浅薄之诗文，又趋于质实，则不得不反而求诸经训。虽然，其时学者，既已濡染于佛老二家闳大幽渺之教义，势不能复局于诂训章句之范围，而必于儒家言中，辟一闳大幽渺之境，始有以自展，而且可以与佛老相抗。此所以竞趋于心性之理论，而理学由是盛焉。

朱陆之异同　宋之理学，创始于邵、周、张诸子，而确立于二程。二程以后，学者又各以性之所近，递相传演，而至朱、陆二子，遂截然分派。朱子偏于道问学，尚墨守古义，近于荀子。陆子偏于尊德性，尚自由思想，近于孟子。朱学平实，能使社会中各种阶级修私德，安名分，故当其及身，虽尝受攻讦，而自明以后，顿为政治家所提倡，其势力或弥漫全国，然承学者之思想，卒不敢溢于其范围之外。陆学则至明之王阳明而益光大焉。

动机论之成立　朱陆两派，虽有尊德性、道问学之差别，而其所研究之对象，则皆为动机论。董仲舒之言曰："正其义不谋其利，明其道不计其功。"张南轩之言曰："学者潜心孔孟，必求其门而入，以为莫先于明义利之辨。盖圣贤，无所为而然也。有所为而然者，皆人欲之私，而非天理之所存，此义利之分也。自未知省察者言之，终日之间，鲜不为利矣，非特名位货殖而后为利也。意之所向，一涉于有所为，虽有浅深之不同，而其为徇己自私，则一而已矣。"此皆极端之动机论，而朱、陆两派所公认者也。

功利论之别出　孔孟之言，本折中于动机、功利之间，而极端动机论之流弊，势不免于自杀共竞争生存之力。故儒者或激于时局之颠危，则亦恒溢出而为功利论。吕东莱、陈龙川、叶水心之属，愤宋之积弱，则叹理学之烦琐，而昌言经制。颜习斋痛明之俄亡，则并诋朱、陆两派之空疏。

而与其徒李恕谷、王昆绳辈研究礼乐兵农，是皆儒家之功利论也。唯其人皆亟于应用，而略于学理，故是编未及详叙焉。

儒教之凝成　自汉武帝以后，儒教虽具有国教之仪式及性质，而与社会心理尚无致密之关系。（观晋以后，普通人佞佛求仙之风，如是其盛，苟其先已有普及之儒教，则其时人心之对于佛教，必将如今人之对于基督教矣。）其普通人之行习，所以能不大违于儒教者，历史之遗传，法令之约束为之耳。及宋而理学之儒辈出，讲学授徒，几遍中国。其人率本其所服膺之动机论，而演绎之于日用常行之私德，又卒能克苦躬行，以为规范，得社会之信用。其后，政府又专以经义贡士，而尤注意于朱注之《大学》《中庸》《论语》《孟子》四书。于是稍稍聪颖之士，皆自幼寝馈于是。达而在上，则益增其说于法令之中；穷而在下，则长书院，设私塾，掌学校教育之权。或为文士，编述小说剧本，行社会教育之事。遂使十室之邑，三家之村，其子弟苟有从师读书者，则无不以四书为读本。而其间一知半解互相传述之语，虽不识字者，亦皆耳熟而详之。虽间有苛细拘苦之事，非普通人所能耐，然清议既成，则非至顽悍者，不敢显与之悖，或阴违之而阳从之，或不能以之律己，而亦能以之绳人，盖自是始确立为普及之宗教焉。斯则宋明理学之功也。

思想之限制　宋儒理学，虽无不旁采佛老，而终能立凝成儒教之功者，以其真能以信从教主之仪式对于孔子也。彼等于孔门诸子，以至孟子，皆不能无微词，而于孔子之言，则不特不敢稍违，而亦不敢稍加以拟议，如有子所谓夫子有为而言之者。又其所是非，则一以孔子之言为准。故其互相排斥也，初未尝持名学之例以相绳，曰：知〔如〕是则不可通也，如是则自相矛盾也。唯以宗教之律相绳，曰：如是则与孔子之说相背也，如是则近禅也。其笃信也如此，故其思想皆有制限。其理论界，则以性善、性恶之界而止。至于善恶之界说若标准，则皆若毋庸置喙，故往往以无善无恶与善为同一，而初不自觉其抵牾。其于实践方面，则以为家族及各种社会之组织，自昔已然，唯其间互相交际之道，如何而能无背于孔子。是为研究之对象，初未尝有稍萌改革之思想者也。

第二章　王荆公

宋代学者，以邵康节为首，同时有司马温公，及王荆公，皆以政治家著。又以特别之学风，立于思想系统之外者也。温公仿扬雄之太玄作潜虚，以数理解释宇宙，无关于伦理学，故略之。荆公之性论，则持平之见，足为前代诸性论之结局。特叙于左：

小传 王荆公，名安石，字介甫，荆公者，其封号也。临川人，神宗时被擢为参知政事，厉行新法。当时正人多反对之者，遂起党狱，为世诟病。元丰元年，以左仆射观文殿大学士卒，年六十八。其所著有新经义学说及诗文集等。今节叙其性论及礼论之大要于左：

性情之均一 自来学者，多判性情为二事，而于情之所自出，恒苦无说以处之。荆公曰："性情一也。世之论者曰性善情恶，是徒识性情之名，而不知性情之实者也。喜怒哀乐好恶欲，未发于外而存于心者，性也。发于外而见于行者，情也。性者情之本，情者性之用，故吾曰性情一也。"彼盖以性情者，不过本体方面与动作方面之别称，而并非二事。性纯则情亦纯，情固未可灭也。何则？无情则直无动作，非吾人生存之状态也。故曰："君子之所以为君子者，无非情也。小人之所以为小人者，无非情也。"

善恶 性情皆纯，则何以有君子小人及善恶之别乎？无他，善恶之名，非可以加之性情，待性情发动之效果，见于行为，评量其合理与否，而后得加以善恶之名焉。故曰："喜怒哀乐爱恶欲，七者，人生而有之，接于物而后动，动而当理者，圣也，贤也。不当于理者，小人也。"彼徒见情发于外，为外物所累，而遂入于恶也。因曰："情恶也，害性者情也。是曾不察情之发于外，为外物所感，而亦尝入于善乎？"如其说，则性情非可以善恶论，而善恶之标准，则在理。其所谓理，在应时处位之关系，而无不适当云尔。

情非恶之证明 彼又引圣人之事，以证情之非恶。曰："舜之圣也，象喜亦喜，使可喜而不喜，岂足以为舜哉？文王之圣也，王赫斯怒，使可怒而不怒，岂足以为文王哉？举二者以明之，其余可知。使无情，虽曰性善，何以自明哉？诚如今论者之说，以无情为善，是木石也。性情者，犹弓矢之相待而为用，若夫善恶，则犹之中与不中也。"

礼论 荀子道性恶，故以礼为矫性之具。荆公言性情无善恶，而其发于行为也，可以善，可以恶，故以礼为导人于善之具。其言曰："夫木斫之而为器，马服之而为驾，非生而能然也，劫之于外而服之以力者也。然

圣人不舍木而为器，不舍马而为驾，固因其天资之材也。今人生而有严父爱母之心，圣人因人之欲而为之制；故其制，虽有以强人，而乃顺其性之所欲也。圣人苟不为之礼，则天下盖有慢父而疾母者，是亦可谓无失其性者也。夫狙猿之形，非不若人也，绳之以尊卑，而节之以揖让，彼将趋深山大麓而走耳。虽畏之以威而驯之以化，其可服也，乃以为天性无是而化于伪也。然则狙猿亦可为礼耶？"故曰："礼者，始于天而成于人，天无是而人欲为之，吾盖未之见也。"

结论　荆公以政治文章著，非纯粹之思想家，然其言性情非可以善恶名，而别求善恶之标准于外，实为汉唐诸儒所未见及，可为有卓识者矣。

第三章　邵康节

小传　邵康节，名雍，字尧夫，河南人。尝师北海李之才，受河图先天象数之学，妙契神悟，自得者多。屡被举，不之官。熙宁十年卒，年六十七。元祐中，赐谥康节。著有《观物篇》《渔樵问答》《伊川击壤集》《先天图》《皇极经世书》等。

宇宙论　康节之宇宙论，仿易及太玄，以数为基本，循世界时间之阅历，而论其循环之法则，以及于万物之化生。其有关伦理学说者，论人类发生之原者是也。其略如下：

动静二力　动静二力者，发生宇宙现象，而且有以调摄之者也。动者为阴阳，静者为刚柔。阴阳为天，刚柔为地。天有寒暑昼夜，感于事物之性情状态。地有雨风露雪，应于事物之走飞草木。性情形体，与走飞草木相合，而为动植之感应，万物由是生焉。性情形态之走飞草木，应于声色气味。走飞草木之性情形态，应于耳目口鼻。物者有色声气味而已，人者有耳目口鼻，故人者，总摄万物而得其灵者也。

物人凡圣之别　康节言万物化成之理如是，于是进而论人、物之别，及凡人与圣人之别。曰："人所以为万物之灵者，耳目口鼻，能收万物之声色气味。声色气味，万物之体也。耳目鼻口，万人之用也。体无定用，唯变是用。用无定体，唯化是体，用之交也。人物之道，于是备矣。然人亦物也，圣亦人也。有一物之物，有十物之物，有百物之物，有千物、万物、亿物、兆物之物，生一物之物而当兆物之物者，非人耶？有一人之人，有十人之人，有百人之人，有千人、万人、亿人、兆人之人，生一人之人而当兆人之人者，非圣耶？是以知人者物之至，圣人者，人之至也。人之至者，谓其能以一心观万心，以一身观万身，以一世观万世，能以心代天意，口代天言，手代天工，身代天事。是以能上识天时，下尽地理，中尽物情而通照人事，能弥纶天地，出入造化，进退古今，表里人物者也。"如其说，则圣人者，包含万有，无物我之别，解脱差别界之观念，而入于万物一体之平等界者也。

学 然则人何由而能为圣人乎？曰："学。康节之言学也。"曰："学不际天人，不可以谓之学。"又曰："学不至于乐，不可以谓之学。"彼以学之极致，在四经，《易》《书》《诗》《春秋》是也。曰："昊天之尽物，圣人之尽民，皆有四府。昊天之四府，春、夏、秋、冬之谓也，升降于阴阳之间。圣人之四府，《易》《书》《诗》《春秋》之谓也，升降于礼乐之间。意言象数者，易之理。仁义礼智者，书之言。性情形体者，《诗》之根。圣贤才术者，《春秋》之事。谓之心，谓之用。《易》由皇帝王伯，书应虞夏殷周，诗关文武周公，《春秋》系秦晋齐楚。谓之体，谓之迹。心迹体用四者相合，而得为圣人。其中同中有异，异中有同，异同相乘，而得万世之法则。"

慎独 康节之意。非徒以讲习为学也。故曰："君子之学，以润身为本，其治人应物，皆余事也。"又曰："凡人之善恶，形于言，发于行，人始得而知之，但萌诸心，发诸虑，鬼神得而知之。是君子所以慎独也。"又曰："人之神，即天地之神，人之自欺，即所以欺天地，可不慎与？"又言慎独之效曰："能从天理而动者，造化在我，其对于他物也，我不被物而能物物。"又曰："任我者情，情则蔽，蔽则昏。因物者性，性则神，神则明。潜天潜地，行而无不至，而不为阴阳所摄者，神也。"

神 彼所谓神者何耶？即复归于性之状态也。故曰："神无方而性则质也。"又曰："神无所不在，至人与他心通者，其本一也。道与一，神之强名也。"以神为神者，至言也。然则彼所谓神，即老子之所谓道也。

性情 康节以复性为主义，故以情为性之反对者。曰："月者日之影，情者性之影也。心为性而胆为情，性为神而情为鬼也。"

结论 康节之宇宙论，以一人为小宇宙，本于汉儒。一切以象数说之，虽不免有拘墟之失，而其言由物而人，由人而圣人，颇合于进化之理。其以神为无差别之代表，而以慎独而复性，为由差别界而达无差别之作用。则其语虽一本儒家，而其意旨则皆庄佛之心传也。

第四章　周濂溪

小传　周濂溪，名敦颐，字茂叔，道州营道人。景祐三年，始官洪州分宁县主簿，历官至知南康郡，因家于庐山莲花峰下，以营道故居濂溪名之。熙宁六年卒，年五十七。黄庭坚评其人品，如光风霁月。晚年，闲居乐道，不除窗前之草，曰：与自家生意一般。二程师事之，濂溪常使寻孔颜之乐何在。所著有《太极图》《太极图说》《通书》等。

太极论　濂溪之言伦理也，本于性论，而实与其宇宙论合，故述濂溪之学，自太极论始。其言曰："无极而太极，太极动而生阳，动极而静，静而生阴，静极复动，一动一静，互为其根，分阴分阳，两仪立焉。五行一阴阳也，阴阳一太极也，太极本无极也。五行之生也，各一其性。无极之真，二五之精，妙合而凝，乾道成果，坤道成女。二气交感，化合万物，万物生之而变化无穷。人得其秀而最灵，生而发神知，五性感动，而善恶分。圣人定之以中正仁义，主静而立其极。'圣人与天地合其德，与日月合其明，与四时合其序，与鬼神合其吉凶。'君子修之吉，小人悖之凶。故曰：立天之道，曰阴与阳，立地之道，曰柔与刚，立人之道，曰仁与义。"又曰："原始要终，故知死生之说，大哉，易其至矣乎。"其大旨以人类之起原，不外乎太极，而圣人则以人而合德于太极者也。

性与诚　濂溪以性为诚，本于中庸。唯其所谓诚，专自静止一方面考察之。故曰："诚者，圣人之本，'大哉乾元，万物资始'，诚之原也。'乾道变化，各正性命'，诚既立矣，纯粹至善。故曰：一阴一阳之谓道，继之者善也，成之者性也。元亨者诚之通，利贞者诚之复，大哉易！其性命之源乎？"又曰："诚者，五常之本，百行之原也，静无而动有，至正而明达者也。五常百行，非诚则为邪暗塞。故诚则无事，至易而行难。"由是观之，性之本质为诚，超越善恶，与太极同体者也。

善恶　然则善恶何由起耶？曰：起于几。故曰："诚无为，几善恶，爱曰仁，宜曰义，理曰礼，通曰智，守曰信。性而安之之谓圣，执之之谓贤，发微而不可见，充周而不可穷之谓神。"

几与神 濂溪以行为最初极微之动机为几，而以诚、几之间自然中节之作用为神。故曰："寂然不动者诚也，感而遂动者神也，动而未形于有无之间者几也。诚精故明，神应故妙，几微故幽，诚神几谓之圣人。"

仁义中正 唯圣故神，苟非圣人，则不可不注意于动机，而一以圣人之道为准。故曰："动而正曰道，用而和曰德，匪仁、匪义、匪礼、匪智、匪信，悉邪也。邪者动之辱也，故君子慎动。"又曰："圣人之道，仁义中正而已。守之则贵，行之则利，廓之而配乎天地，岂不易简哉？岂为难知哉？不守不行不廓而已。"

修为之法 吾人所以慎动而循仁义中正之道者，当如何耶？濂溪立积极之法，曰思，曰洪范。曰："思曰睿，睿作圣，几动于此，而诚动于彼，思而无不通者，圣人也。非思不能通微，非睿不能无不通。故思者，圣功之本，吉凶之几也。"又立消极之法，曰无欲。曰："无欲则静虚而动直，静灵则明，明则通。动直则公，公则溥。明通公溥，庶矣哉！"

结论 濂溪由宇宙论而演绎以为伦理说，与康节同。唯康节说之以数，而濂溪则说之以理。说以数者，非动其基础，不能加以补正。说以理者，得截其一、二部分而更变之。是以康节之学，后人以象数派外视之；而濂溪之学，遂孳生思想界种种问题也。濂溪之伦理说，大端本诸中庸，以几为善恶所由分，是其创见。而以人物之别，为在得气之精粗，则后儒所祖述者也。

第五章　张横渠

小传 张横渠名载，字子厚。世居大梁，父卒于官，因家于凤翔郡县之横渠镇。少喜谈兵。范仲淹授以《中庸》，乃幡然志道，求诸释老，无所得，乃反求诸六经。及见二程，语道学之要，乃悉弃异学。嘉祐中，举进士，官至知太常礼院。熙宁十年卒，年五十八。所著有《正蒙》《经学理窟》《易说》《语录》《西铭》《东铭》等。

太虚 横渠尝求道于佛老，而于老子由无生有之说，佛氏以山河大地为见病不说，俱不之信。以为宇宙之本体为太虚，无始无终者也。其所含最凝散之二动力，是为阴阳，由阴阳而发生种种现象。现象虽无一雷同，而其发生之源则一。故曰："两不立则一不见，一不可见，则两之，虚实

也,动静也,聚散也,清浊也,其容一也。"又曰:"造化之所成,无一物相肖者。"横渠由是而立理一分殊之观念。

理一分殊 横渠既于宇宙论立理一分殊之观念,则应用之于伦理学。其《西铭》之言曰:"乾称父,坤称母,予兹藐焉;乃浑然中处,天地之塞吾其体,天地之帅吾其性,民吾同胞,物吾与也。大君者,我之宗子,大臣者,宗子之家相。尊高年,所以长其长。慈孤弱,所以幼其幼。圣其合德,贤其秀也。凡天下之病癃残疾惸独鳏寡,皆吾兄弟之颠连而无告者也。"

天地之性与气质之性 天地之塞吾其体,亦即万人之体也。天地之帅吾其性,亦即万人之性也。然而人类有贤愚善恶之别,何故?横渠于是分性为二,谓为天地之性与气质之性。曰:"形而后有性质之性,能反之,则天地之性存,故气质之性,君子不性焉。"其意谓天地之性,万人所同,如太虚然,理一也。气质之性,则起于成形以后,如太虚之有气,气有阴阳,有清浊。故气质之性,有贤愚善恶之不同,所谓分殊也。虽然,阴阳者,虽若相反而实相成,故太虚演为阴阳,而阴阳得复归于太虚,至于气之清浊,人之贤愚善恶,则相反矣。比而论之,颇不合于论〔伦〕理。

心性之别 从前学者,多并心性为一谈,横渠则别而言之。曰:"物与知觉合,有心之名。"又曰:"心者统性情者也。"盖以心为吾人精神界全体之统名,而性则自心之本体言之也。

虚心 横渠以心为统性与知,而以知附属于气质之性,故其修为之的,不在屑屑求知,而在反于天地之性,是谓合心于太虚。故曰:"太虚者,心之实也。"又曰:"不可以闻见为心,若以闻见为心,天下之物,不可一一闻见,是小其心也,但当合心于太虚而已。心虚则公平,公平则是非较然可见,当为不当为之事,自可知也。"

变化气质 横渠既以合心于太虚为修为之极功,而又以人心不能合于太虚之故,实为气质之性所累,故立变化气质之说。曰:"气质恶者,学即能移,今之人多使气。"又曰:"学至成性,则气无由胜。"又曰:"为学之大益,在自能变化气质。不尔,则卒无所发明,不得见圣人之奥,故学者先当变化气质。"变化气质,与虚心相表里。

礼 横渠持理一分殊之理论,故重秩序。又于天地之性以外,别揭气质之性,已兼取荀子之性恶论,故重礼。其言曰:"生有先后,所以为天序。小大高下相形，是为天秩。天之生物也有序，物之成形也有秩，知序然故经正，知秩然故礼行。"彼既持此理论，而又能行以提倡之，治家接物，大要正己以感人。其教门下，先就其易，主日常动作，必合于礼。程明道尝评之曰："横渠教人以礼，固激于时势，虽然，只管正容谨节，宛然如吃木札，使人久而生嫌厌之情。"此足以观其守礼之笃矣。

结论 横渠之宇宙论，可谓持之有理。而其由阴阳而演为清浊，又由清浊而演为贤愚善恶，遂不免违于论理。其言理一分殊，言天地之性与气质之性，皆为创见。然其致力之处，偏重分殊，遂不免横据阶级之见。至谓学者舍礼义而无所猷为，与下民一致，又偏重气质之性。至谓天质善者，不足为功，勤于矫恶矫情，方为功，皆与其民吾同胞及人皆有天地之性之说不能无矛盾也。

第六章 程明道

小传 程明道名颢，字伯淳，河南人。十五岁，偕其弟伊川就学于周濂溪，由是慨然弃科举之业，有求道之志。逾冠，被调为鄠县主簿。晚年，监汝州酒税。以元丰八年卒，年五十四。其为人克实有道，和粹之气，盎于面背，门人交友，从之数十年，未尝见其忿厉之容。方王荆公执政时，明道方官监察御史里行，与议事，荆公厉色待之，明道徐曰："天下事非一家之私议，愿平气以听。"荆公亦为之愧屈。于其卒也，文彦博采众议表其墓曰：明道先生。其学说见于门弟子所辑之语录。

性善论之原理 邵、周、张诸子，皆致力于宇宙论与伦理说之关系，至程子而始专致力于伦理学说。其言性也，本孟子之性善说，而引易象之文以为原理。曰："生生之谓易，是天之所以为道也。"天只是以生为道，继此生理者只是善，便有一元的意思。元者善之长，万物皆有春意，便是。继之者善也，成之者性也。成却待万物自成其性须得。又曰："一阴一阳之谓道。"自然之道也，有道则有用。元者善之长也，成之者，却只是性，各正性命也。故曰："仁者见之谓之仁，智者见之谓之智。"又曰："生之谓性。"人生而静以上，不能说示，说之为性时，便已不是性。凡说人性，只是继之者善也。孟子云，人之性善是也。夫所谓继之者善，犹水之流而就下也。又曰："生之谓性，性即气，气即性，生之谓也。"其措语

虽多不甚明了,然推其大意,则谓性之本体,殆本无善恶之可言。至即其动作之方面而言之,则不外乎生生,即人无不欲自生,而亦未尝有必不欲他人之生者,本无所谓不善,而与天地生之道相合,故谓继之者善也。

善恶 生之谓性,本无所谓不善,而世固有所谓恶者何故。明道曰,天下之善恶,皆天理,谓之恶者,本非恶,但或过或不及,便如此,如杨墨之类。其意谓善恶之所由名,仅指行为时之或过或不及而言,与王荆公之说相同。又曰:"人生气禀以上,于理不能无善恶,虽然,性中元非两物相对而生。"又以水之清浊喻之曰:"皆水也,有流至海而不浊者,有流未远而浊多者、或少者。清浊虽不同,而不能以浊者为非水。如此,则人不可不加以澄治之功。故用力敏勇者疾清,用力缓急者迟清。及其清,则只是原初之水也,非将清者来换却浊者,亦非将浊者取出,置之一隅。水之清如性之善。是故善恶者,非在性中两物相对而各自出来也。"此其措语,虽亦不甚明了,其所谓气禀,几与横渠所谓气质之性相类,然推其本意,则仍以善恶为发而中节与不中节之形容词。盖人类虽同禀生生之气,而既具各别之形体,又处于各别之时地,则自爱其生之心,不免太过,而爱人之生之心,恒不免不及,如水流因所经之地而不免渐浊,是不能不谓之恶,而要不得谓人性中具有实体之恶也。故曰:"性中元非有善恶两物相对而出也。"

仁 生生为善,即我之生与人之生无所歧视也。是即《论语》之所谓仁,所谓忠恕。故明道曰:"学者先须识仁。仁者,浑然与物同体,义礼智信,皆仁也。"又曰:"医家以手足之痿痺为不仁,此言最善名状。仁者,以天地万物为一体,无非己也。手足不仁时,身体之气不贯,故博施济众,为圣人之功用,仁至难言。"又曰:"若夫至仁,天地为一身,而天地之间,品物万形,为四肢百体,夫人岂有视四肢百体而不爱者哉? 圣人仁之至也,独能体斯心而已。"

敬 然则体仁之道,将如何? 曰敬。明道之所谓敬,非检束其身之谓,而涵养其心之谓也。故曰:"只闻人说善言者,为敬其心也。故视而不见,听而不闻,主于一也。主于内,则外不失敬,便心虚故也。必有事焉不忘,不要施之重,便不好,敬其心,乃至不接视听,此学者之事也。始学岂可不自此去,至圣人则自从心所欲,不踰矩。"又曰:"敬即便是礼,无己可克。"又曰:"主一无适,敬以直内,便有浩然之气。"

忘内外 明道循当时学者措语之习惯,虽然常言人欲,言私心私意,而其本意则不过以恶为发而不中节之形容词,故其所注意者皆积极而非消极。尝曰:"所谓定者,动亦定,静亦定,无将迎,无内外。苟以外物为外,牵己而从之,是以己之性为有内外也。且以己之性为随物于外,则当其在外时,何者为在中耶?有意于绝外诱者,不知性无内外也。"又曰:"夫天地之常,以其心普万物而无心,圣人之常,以其情顺万事而无情。故君子之学,莫若廓然而大公,物来而顺应。苟规规于外诱之除,将见灭于东而生于西,非唯日之不足,顾其端无穷,不可得而除也。"又曰:"与其非外而是内,不若内外之两忘,两忘则澄然无事矣。无事则定,定则明,明则尚何应物之为累哉?圣人之喜,以物之当喜;圣人之怒,以物之当怒。是圣人之喜怒,不系于心而系于物也,是则圣人岂不应于物哉?乌得以从外者为非,而更求在内者为是也。"

诚 明道既不以力除外诱为然,而所以涵养其心者,亦不以防检为事。尝述孟子勿助长之义,而以反身而诚互证之。曰:"学者须先识仁。仁者,浑然与物同体,识得此理,以诚敬存之而已,不须防检,不须穷索。若心懈则有防,心苟不懈,何防之有?理有未得,故须穷索;存久自明,安待穷索?此道与物无对,大不足以明之。天地之用皆我之用。孟子言万物皆备于我,须反身而诚,乃为大乐。若反身未诚,则犹是二物有对,以己合彼,终未有之,又安得乐?必有事焉而勿正,心勿忘,勿助长,未尝致纤毫之力,此其存之之道。若存得便含有得,盖良知良能元不丧失,以昔日习心未除,故须存习此心,久则可夺旧习。"又曰:"性与天道,非自得者不知,有安排布置者,皆非自得。"

结论 明道学说,其精义,始终一贯,自成系统,其大端本于孟子,而以其所心得补正而发挥之。其言善恶也,取中节不中节之义,与王荆公同。其言仁也,谓合于自然生生之理,而融自爱他爱为一义。其言修为也,唯主涵养心性,而不取防检穷索之法。可谓有乐道之趣,而无拘墟之见者矣。

第七章 程伊川

小传 程伊川,名颐,字正叔,明道之弟也。少明道一岁。年十七,

尝伏阙上书，其后屡被举，不就。哲宗时，擢为崇正殿说书，以严正见惮，见劾而罢。徽宗时，被邪说幹行惑乱众听之谤，下河南府推究。逐学徒，隶党籍。大观元年卒，年七十五。其学说见于《易传》及语录。

伊川与明道之异同 伊川与明道，虽为兄弟，而明道温厚，伊川严正，其性质皎然不同，故其所持之主义，遂不能一致。虽其间互通之学说甚多，而揭其特具之见较之，则显为二派。如明道以性即气，而伊川则以性即理，又特严理气之辨。明道主忘内外，而伊川特重寡欲。明道重自得，而伊川尚穷理。盖明道者，粹然孟子学派；伊川者，虽亦依违孟学，而实荀子之学派也。其后由明道而递演之，则为象山、阳明；由伊川而递演之，则为晦庵。所谓学焉而各得其性之所近者也。

理气与性才之关系 伊川亦主孟子性中有善之说，而归其恶之源于才。故曰："性出于天，才出于气，气清则才清，气浊则才浊。才则有不善，性则无不善。"又曰："性无不善，而有不善者，才也。性即是理，理则自尧舜至于途人，一也。才禀于气，气有清浊，禀其清者为贤，禀其浊者为愚。"其大意与横渠言天地之性、气质之性相类，唯名号不同耳。

心 伊川以心与性为一致。故曰："在天为命，在义为理，在人为性，主于身为心。"其言性也，曰："性即理，所谓理性是也。天下之理，原无不善，喜怒哀乐之未发，何尝不善，发而中节，往往无不善，发而不中节，然后为不善。"是以性为喜怒哀乐未发之境也。其言心也，曰："冲漠无朕，万象森然已具，未应不是先，已应不是后，如百尺之木，自根本至枝叶，每一不贯。"或问以赤子之心为已发，是否？曰："已发而去道未远。"曰："大人不失赤子之心若何？"曰："取其纯一而近道。"曰："赤子之心，与圣人之心若何？"曰："圣人之心，如明镜止水。"是亦以喜怒哀乐未发之境为心之本体也。

养气寡欲 伊川以心性本无所谓不善，乃喜怒哀乐之发而不中节，始有不善。其所以发而不中节之故，则由其气禀之浊而多欲。故曰："孟子所以养气者，养之至则清明纯全，昏塞之患去。"或曰养心，或云养气，何耶？曰："养心者无害而已，养气者在有帅。"又言养气之道在寡欲，曰："致知在所养，养知莫过寡欲二字。"其所言养气，已与《孟子》同名而异实，及依违《大学》，则又易之以养知，是皆迁就古书文辞之故。至其本意，则不过谓寡欲则可以易气之浊者而为清，而渐达于明镜止水之境也。

敬与义 明道以敬为修为之法，伊川同之，而又本《易传》敬以直内、义以方外之语，于敬之外，尤注重集义。曰："敬只是持己之道，义便知有是有非。从理而行，是义也。若只守一个敬字，而不知集义，却是都无事。且如欲为孝，不成只守一个孝字而已，须是知所以为孝之道，当如何奉侍，当如何温清，然后能尽孝道。"

穷理 伊川所言集义，即谓实践伦理之经验，而假孟子之言以名之。其自为说者，名之曰穷理。而又条举三法：一曰读书，讲明义理；二曰论古今之物，分其是非；三曰应事物而处其当。又分智为二种，而排斥闻见之智，曰："闻见之智，非德性之智，物交物而知之，非内也，今之所谓博物多能者是也。德性之智，不借闻见。"其意盖以读书论古应事而资以清明德性者，为德性之智，其专门之考古学历史经济家，则斥为闻见之智也。

知与行 伊川又言须是识在行之先。譬如行路，须得先照。又谓勉强合道而行动者，决不能永续。人性本善，循理而行，顺也。是故烛理明则自然乐于循理而行动，是为知行合一说之权舆。

结论 伊川学说，盖注重于实践一方面，故于命理心性之属，仅以异名同实之义应付之。而于恶之所由来，曰才，曰气，曰欲，亦不复详为之分析。至于修为之法，则较前人为详，而为朱学所自出也。

第八章　程门大弟子

程门弟子 历事二程者为多，而各得其性之所近。其间特性最著，而特有影响于后学者，为谢上蔡、杨龟山二人。上蔡毗于尊德性，绍明道而启象山。龟山毗于道问学，述伊川而递传以至考亭者也。

上蔡小传 谢上蔡，名良佐，字显道，寿州上蔡人。初务记问，夸该博。及事明道，明道曰："贤所记何多，抑可谓玩物丧志耶？"上蔡赧然。明道曰："是即恻隐之心也。"因劝以无徒学言语，而静坐修炼。上蔡以元丰元年登进士第，其后历官州郡。徽宗时，坐口语，废为庶民。著《论语说》，其语录三篇，则朱晦庵所辑也。

其学说 上蔡以仁为心之本体，曰："心者何，仁而已。"又曰："人

心著，与天地一般，只为私意自小，任理因物而己无与焉者，天而已。"于是言致力之德，曰穷理，曰持敬。其言穷理也，曰："物物皆有理，穷理则知天之所为，知天之所为，则与天为一，穷理之至，自然不勉而中，不思而得，从容中道。"词理必物物而穷之与？曰："必穷其大者，理一而已，一处理穷，则触处皆是。恕其穷理之本与？"其言致敬也，曰："近道莫若静，斋戒以神明其德，天下之至静也。"又曰："敬者是常惺惺而法心斋。"

龟山小传 杨龟山，名时，字中立，南剑将乐人。熙宁元年，举进士，后历官州郡、及侍讲。绍兴五年卒，年八十三。龟山初事明道，明道殁，事伊川，二程皆甚重之。尝读横渠《西铭》，而疑其近于兼爱，及闻伊川理一分殊之辨而豁然。其学说见于《龟山集》及其语录。

其学说 龟山言人生之准的在圣人，而其致力也，在致知格物。曰："学者以致知格物为先，知未至，虽欲择言而固执之，未必当于道也。鼎镬陷阱之不可蹈，人皆知之，而世人亦无敢蹈之者，知之审也。致身下流，天下之恶皆归之，与鼎镬陷阱何异？而或蹈之而不避者，未真知之也。若真知为不善，如蹈鼎镬陷阱，则谁为不善耶？"是其说近于经验论。然彼所谓经验者，乃在研求六经。故曰："六经者，圣人之微言，道之所存也。道之深奥，虽不可以言传，而欲求圣贤之所以为圣贤者，舍六经于何求之？学者当精思之，力行之，默会于意言之表，则庶几矣。"

结论 上蔡之言穷理，龟山之言格致，其意略同。而上蔡以恕为穷理之本，龟山以研究六经为格致之主，是显有主观、客观之别，是即二程之异点，而亦朱、陆学派之所由差别也。